캐릭터로 이해하는
세포 도감

스즈카와 시게루 지음 ○ 김한나 옮김

생각의집

시작하며

　　의사 : "스즈카와 씨… '암'입니다."
　　스즈카 : "두둥…"

　　내 몸아 미안해. 지금까지 많이 괴롭혀서…. 좀 더 내 몸을 잘 돌봐줄 걸…….
　　이럴 때, 또는 이런 상태가 되지 않기 위해서라도 '자신의 몸에 대한 공부'를 반드시 해야 합니다. 이 세상에 태어나서 죽을 때까지 우리는 자신의 몸과 함께 살아갑니다. 이 책을 읽고 자신의 몸을 더욱 가까이 바라보며 소중히 대하는 방법을 알게 되길 바랍니다.
　　인간의 몸은 약 37조 2천억 개의 세포로 구성되어 있습니다. 즉 이 지구상에 살고 있는 인구 수(2022년 현재 79억 명)의 약 4,500배나 되는 세포들이 우리의 몸을 만들고 늘 우리를 위해서 일하고 있어요. 예를 들면 적혈구는 약 20조 개나 되는데 몸속 세포의 절반 이상을 차지하며 고속철과 비슷한 속도(시속 약 2백 킬로미터)로 혈관 속을 흐르며 일합니다. 대단하지 않나요?

  이 책에서는 인간의 몸속에서 특히 생활에 밀접한 세포들을 코믹하면서도 이해하게 쉽게 조금은 전문적으로 소개합니다. 각 세포들의 기능뿐만 아니라 세포 연구 진화 등 꼭 알아두면 좋은 정보도 알려드립니다.

  그럼 이 책에 등장하는 뉴런과 세레나 등 여러 캐릭터와 함께 자신의 몸속을 탐험하며 '자신에 대한 공부'를 해 봅시다.

스즈카와 시게루

Contents

만화
- 프롤로그 · 2
- 시작하며 · 6

Part 1 세포란 무엇인가?

- 세포 · 14
- 세포의 기능 · 16

인체를 구성하는 최소 단위. 약 38조 개가 존재한다.

Part 2 혈액 세포

- 혈액이란? · 24
- 혈구 · 26
- 조혈모세포 · 28
- 적혈구 · 30
- 혈소판 · 34
- ☠ 혈우병 · 37
- 백혈구 · 38
- 호중구 · 40
- 호산구 · 42
- 호염기구 · 44

스스로 모든 혈구를 만들어 낼 수 있다.

형태를 유연하게 변형할 수 있다. 산소를 운반하는 일을 담당한다.

약 2㎛로 작지만 상처를 아물게 하기 위해 반드시 필요한 존재

백혈구의 중심적 존재. 자유롭게 돌아다니며 이물질을 제거한다.

기생충과 싸우는 역할을 맡고 있다. 알레르기 반응에도 관여한다.

기생충 등에 반응해서 알레르기 반응을 일으킨다.

비만세포 • 46
알레르기 반응의 원인을 제공한다. 비만과는 관계가 없다.

마크로파지 • 48
체내에 침입한 이물질을 제거하는 능력이 매우 높다.

수지상세포 • 50

☠ 꽃가루 알레르기 • 53
다른 백혈구들에게 지시해서 움직이게 하는 것이 특기.

T세포 • 54

NK세포 • 58

B세포 • 60
다른 세포에게 지령을 받지 않고 이물질을 직접 공격한다.

기억세포 • 62

☠ 인플루엔자 • 64

인간의 면역 시스템을 담당한다. 서로 연락을 주고받는다.

항체를 만들어내서 이물질을 공격한다.

Part 3 뇌와 신경 세포

신경이란? • 66

뉴런 • 68
눈이나 귀 등을 통해 얻은 정보를 뇌와 근육으로 전달한다.

뇌란? • 72

글리아세포 • 74

☠ 코카인 • 78
영양을 공급하는 등 뉴런을 보호하는 역할을 한다.

Part 4 뼈와 근육 세포

뼈란? • 80

뼈세포 • 82

근육이란? • 86

근육 세포 • 88

 근육통 • 92

뼈를 파괴하고 다시 만들어 내거나 연골로 보호한다.

골격근, 심근, 평활근, 각 근육의 기능을 담당한다.

Part 5 내장 세포

내장이란? • 94

비장세포 • 96

간세포 • 98

주로 비장에서 림프구를 키우는 일을 한다.

간의 대표적인 기능을 도맡는 매우 바쁜 세포

α(알파)세포, β(베타)세포 • 100

 당뇨병 • 102

췌장에 존재하며 혈당치를 조절하는 호르몬을 분비한다.

Part 6 생식기 세포

생식기란? • 104

정자 • 106

난자 • 108

 불임증 • 114

난자와 만나서 유전자를 다음 세대로 전하는 역할을 한다.

4주에 한 번 난소에서 배출되어 정자와 만나는 역할을 한다.

Part 7 감각세포

감각기관이란? • 116

시세포 • 118

유모세포 • 122

후세포 • 126

미세포 • 128

메르켈 세포 • 130

 나이 관련 황반변성(노인성 황반변성) • 132

눈에 존재하며 색이나 밝기를 분담해서 감지하는 콤비

소리를 감지하는 한편 몸의 움직임과 평형감각도 느낀다.

냄새를 감지한다. 익숙한 냄새에는 둔감하다.

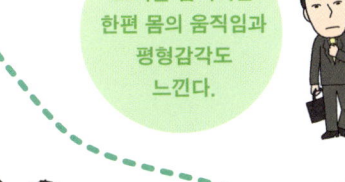

혀의 미뢰라고 하는 장소에 존재하며 다섯 종류의 맛을 감지한다.

주로 촉각을 담당한다. 암세포가 되기도 한다.

Part 8 세포 연구

세포 연구의 진화 • 134

줄기세포 • 136

ES세포 • 138

iPS세포 • 140

암 면역요법 • 144

암세포 • 146

암 • 149

만화 **에필로그** • 150

인체를 구성하는 대부분의 세포가 될 수 있지만 문제점도 있다.

ES세포의 문제를 해결하지만 해명되지 않은 부분도 많다.

정상적인 세포가 되어야 했지만 손상되어 모습을 바꿨다.

캐릭터 소개 이 책에 등장하는 주요 캐릭터

세레나
술을 좋아하는 20대 여성. 자유분방하며 변덕스러운 성격이지만 성실한 면도 있다.

뉴런
세레나의 체내에 있는 세포들을 이끄는 팀장과도 같은 존재. 세레나에게 체내의 세포들을 안내한다.

- 이 책은 몸의 구조와 질병에 대해서 기본적인 내용을 일반인이 이해하기 쉽게 설명하는 것을 목적으로 편집했습니다. 이 책에 실린 질병과 관련된 내용 등은 반드시 모든 사람에게 적용된다고 할 수 없습니다. 궁금한 증상이나 질병에 관해서는 반드시 전문가와 상담하기 바랍니다.
- 이 책의 내용은 초판 제작 시의 정보를 근거로 하여 편집했습니다.

Part 1

세포란 무엇인가?

몸을 구성하는 아주 작은 세포에는 다양한 기능이 있습니다. 먼저 세포에 대해서 알아봅시다. 인체의 기능은 대부분이 세포가 바탕을 이루고 있어요.

생명의 최소 단위
세포

인간의 몸을 구성하는 최소 단위. 약 37조 2천억 개가 존재한다. 종류와 크기, 형태, 기능도 다양하다.

모든 생물의 몸은 세포의 집합

생물의 몸은 수많은 작은 방이 모여서 이루어져 있으며 이 방을 **세포**라고 해요. 호흡이나 운동, 사고 등 인간이 하는 모든 활동을 뒷받침하지요.

일괄적으로 세포라고 해도 그 기능이나, 형태, 크기가 다양합니다. 예를 들면 산소를 운반하는 작용을 하는 **적혈구**(→P.30)는 가운데가 움푹 팬 모양이며 크기가 7~8㎛(※1) 정도라서 육안으로는 확인할 수 없어요. 정보를 전달하는 **뉴런**(→P.68)은 길쭉한 돌기가 있는데 무려 1미터를 넘는 것도 있어요. 생명의 토대가 되는 **난자**(→P.108)는 지름 200㎛(0.2㎜)로 육안으로도 확인할 수 있습니다.

그런 세포들이 모이면 먼저 조직을 이루고 여러 조직을 조합한 것이 심장이나 폐와 같은 기관이 됩니다. 또한 공통적인 기능을 가진 기관이 호흡기나 순환기 계통 등을 통합하고 그것들이 모이면 인간, 즉 개체가 됩니다. 세포는 한마디로 말하자면 **생물을 구성하는 최소 단위**에요.

세포는 눈에는 거의 보이지 않는 작은 존재지만 인간의 몸을 이루고 있어요. 인간이 온갖 활동을 하며 생명을 유지할 수 있는 것은 세포 덕택이랍니다.

세포 분열

말 그대로 세포 한 개가 분열해서 두 개가 되는 것. 인간의 몸은 수정란이라는 세포가 바탕을 이루고 있어요. 이것이 한 개에서 두 개, 두 개에서 네 개로 세포 분열을 반복해서 결국 모든 몸의 부위로 변화하여 인간의 몸이 됩니다.

(※1) 1마이크로미터(㎛)는 0.001밀리미터

기본적인 기능

❶ 에너지를 만들어낸다
생명 활동에 필요한 에너지(ATP)를 만들어낸다.

❷ 세포의 안쪽과 바깥쪽을 나눠서 몸 전체를 건강하게 유지한다
세포막으로 세포의 안과 밖을 나눠서 세포 내의 환경을 일정하게 유지한다.

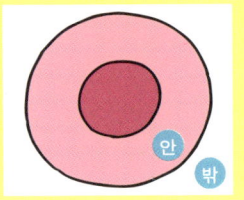

❸ 분열해서 증식한다
생명을 유지하거나 유전 정보를 전달하여 종자를 보존한다.

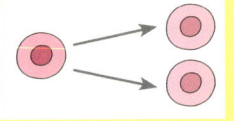

기본적으로는 크게 세 가지

　인체 세포의 기능에는 대부분의 세포들이 갖고 있는 기본적인 기능과 특정 세포만 갖고 있는 전문적인 기능이 있어요.

　기본적인 기능은 크게 세 가지입니다. 첫 번째는 **인간이 활동하기 위한 에너지를 만들어내는 기능**이에요. 섭취한 음식물의 영양소를 소화, 흡수하고 세포 내 **미토콘드리아**(→P.20) 등이 작용해서 실제로 사용할 수 있는 에너지로 바꿉니다. 특히 내장의 세포(→P.93~101)는 소화와 흡수를 잘해요.

　두 번째는 **세포막**(→P.20)으로 **세포의 안쪽과 바깥쪽을 나눠서 몸 전**

전문적인 기능

❶ 특정 물질을 운반한다
산소 등 생명에 필요한 물질을 몸 전체나 일부로 운반한다.
(예) 적혈구(→P.30) 등

❷ 침입한 이물질과 싸운다
체내에 침입한 세균이나 바이러스와 같은 이물질과 싸워서 제거한다.
(예) 백혈구(→P.38) 등

❸ 정보를 전달한다
감각기관 등이 얻은 정보를 뇌에 전달해 뇌에서 내린 지령을 몸 전체로 전달한다. (예) 뉴런(→P.68) 등

❹ 다른 세포를 보호한다
주위의 세포를 보호하거나 그 세포가 파괴되었을 때 회복시킨다.
(예) 신경 아교 세포(→P.74) 등

❺ 특정 기관을 움직인다
스스로 늘이고 줄이며 힘을 내서 근육 등의 특정 기관을 움직인다.
(예) 근육 세포(→P.88) 등

❻ 자극을 느낀다
빛과 소리, 냄새, 맛 등을 정보로 감지한다.
(예) 시세포(→P.118) 등

체를 건강하게 유지하는 기능이에요. 성질이 다른 세포의 안쪽과 바깥쪽을 나눠서 세포내 환경을 일정하게 유지하면 세포는 안정적으로 활동할 수 있어요. 이렇게 인간의 건강이 유지된답니다.

세 번째는 <u>**유전자 정보를 복사해서 분열하고 증식하는 기능**</u>이에요. 인간의 몸이 아이에서 어른으로 성장하거나 생명을 유지하거나 부모로부터 자녀에게 유전 정보가 전달되는 것은 이 기능 때문이에요.

한편 전문적인 기능은 산소 등 특정 물질을 운반하거나 세균이나 바이러스 등 침입한 이물질과 싸우거나 눈과 귀로 보고 들은 정보를 뇌에 전달하는 등 세포에 따라 다양합니다.

세포의 구성요소

세포 안에는 핵이나 미토콘드리아와 같은 세포 소기관이 있어요. 세포 소기관이란 세포 안에 존재하는 특정한 역할과 형태를 이루는 기관을 말합니다.

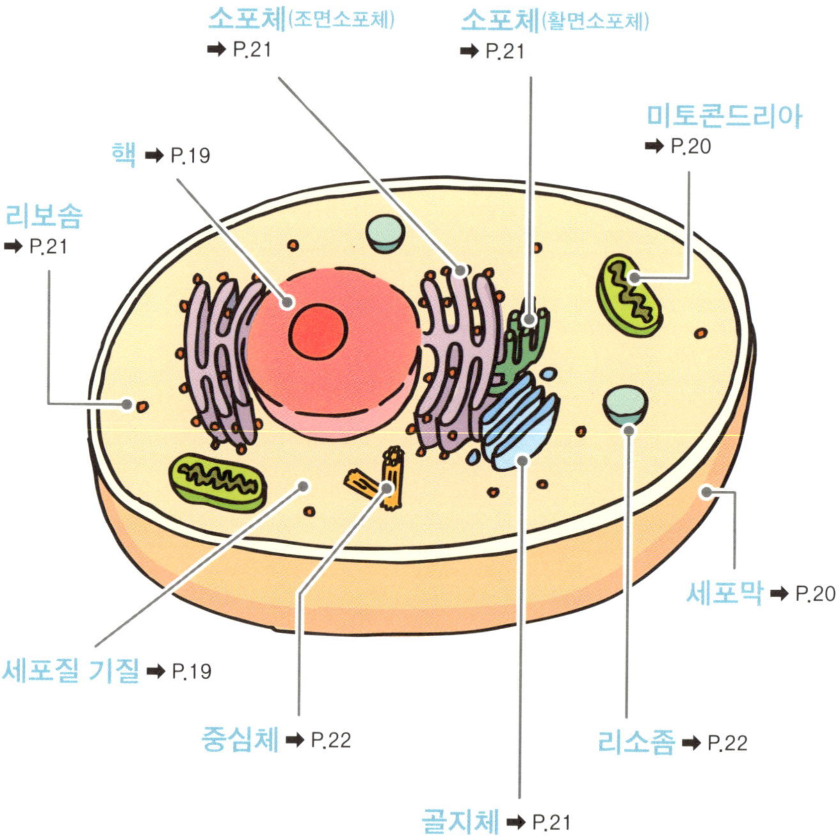

소포체(조면소포체) ➡ P.21
소포체(활면소포체) ➡ P.21
미토콘드리아 ➡ P.20
핵 ➡ P.19
리보솜 ➡ P.21
세포막 ➡ P.20
세포질 기질 ➡ P.19
중심체 ➡ P.22
리소좀 ➡ P.22
골지체 ➡ P.21

세균과 바이러스의 차이

세균과 바이러스는 닮은 듯하지만 전혀 다른 존재랍니다. 바이러스는 세균과 달리 세포가 없어요. 그래서 스스로 증식하지 못하고 숙주에 기생해 증식하지요. 바이러스는 마치 생물처럼 행동하지만 생물에는 없는 특징이 있기 때문에 '생물과 무생물의 중간적인 존재'라고 생각할 수 있어요.

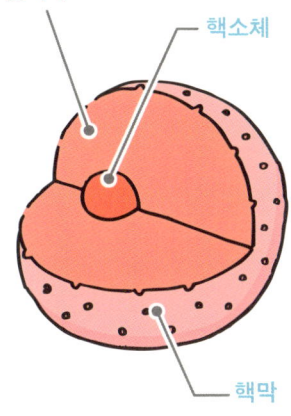

DNA
'유전자'라고 불리며 부모에서 자녀로 전달된다. 유전 정보는 DNA 염기 배열이라는 형태로 세포 내에 보관된다.

핵

핵은 유전 정보이자 인체의 설계도라고 불리기도 하는 **DNA**(데옥시리보핵산)를 저장하는 장소에요. DNA는 염색체 안에 담겨 있으며 그 유전 정보는 **세포질**로 전달되지요.

그 밖에도 핵 속에는 **리보솜**(→P.21)을 만드는 **핵소체**, 핵과 세포질을 사이에 두고 물질의 출입을 조절하는 **핵막**이 있습니다.

세포질
세포막(→P.20)을 포함하는 세포 안의 핵을 제외한 부분을 말한다. 세포는 크게 나눠서 핵과 세포질로 이루어져 있다.

세포질 기질

세포질 기질은 세포 안에 가득 찬 액체를 말하며 세포 내 세포 소기관을 제외한 것을 가리킵니다.

세포질 기질에는 단백질이나 당 등이 녹아 있으며 여기에 핵 등의 세포 소기관이 존재해요.

참고로 세포질 기질은 늘 세포 안을 흐르듯이 계속 움직이는데 이 현상을 **세포질 유동**이라고 해요.

세포막

세포막은 세포를 감싸는 막을 말해요. 세포의 안쪽과 바깥쪽을 나눠서 물질을 교환합니다. 세포내 환경을 일정하게 유지하기 위해서 세포에게 좋은 물질은 넣고 나쁜 물질은 배출해요.
대부분의 세포막은 두께 8~10㎚(※1) 정도로 이루어져 있으며 물질 교환에 중요한 **인지질**이라는 물질과 단백질이 혼합되어 있어요.

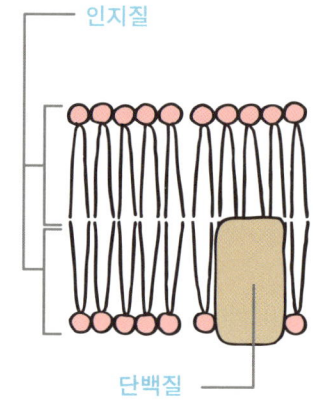

인지질

인지질에는 물에 잘 녹는 부분과 물에 잘 녹지 않는 부분이 있다. 전자를 세포 밖, 후자를 세포 안으로 해서 정렬한다.

미토콘드리아

미토콘드리아는 **ATP**라고 불리는 인간이 활동할 때 필요한 에너지를 만드는 역할을 합니다. 호흡으로 얻은 산소를 사용해 영양을 연소하고 실제로 쓸 수 있는 에너지가 되는 ATP를 만들어내지요.
내막은 표면적을 넓히기 위해서 쭈글쭈글 주름이 잡혀 있는데 이 구조를 **크리스타**라고 해요. 이것이 ATP를 형성하는 효율을 높입니다.

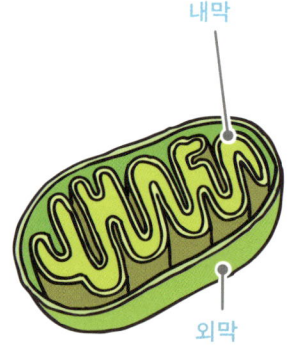

ATP

아데노신 3인산이라는 물질. 몸 전체의 세포에서 에너지로 쓰인다. '에너지 통화'라고 불리기도 한다.

(※1) 1나노미터(㎚)는 0.001마이크로미터

소포체

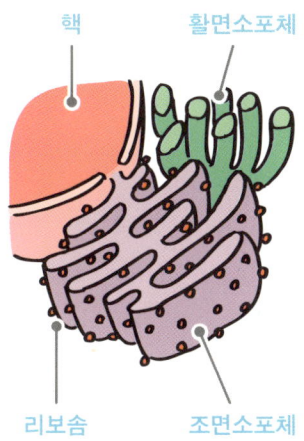

리보솜
세포질 기질 안에 떠 있거나 조면소포체에 딱 달라붙어 있는 알갱이. 단백질을 만든다.

소포체는 여러 가지 물질을 만들어서 운반하는 역할을 담당하며 **활면소포체와 조면소포체**로 나눌 수 있습니다.

활면소포체는 당이나 지질 등 단백질을 제외한 물질을 만드는 장소에요. 단백질을 만드는 것은 조면소포체에 딱 달라붙어 있는 리보솜이에요. 또한 조면소포체는 **리보솜**이나 활면소포체가 만드는 물질을 운반하는 통로랍니다.

골지체

단백질
골지체가 수송하는 단백질 중에 혈당치를 조절하는 호르몬(→P.101)이 있다.

골지체는 단백질 등을 운반하는데 크게 관여합니다. **소포체**에서 단백질을 받아 가공(당의 부가 등)해서 다른 세포 소기관이나 세포 밖으로 운반해요.

골지체는 막 한 장으로 생긴 주머니 모양(**골지뇌**)의 구조체가 겹쳐져서 이루어져 있으며 주위에 있는 **골지소포**는 물질이 운반되는 통로입니다.

중심체

중심체는 세포가 세포 분열할 때 중요한 역할을 하는 세포 소기관이며 핵 근처에 있어요. 두 개가 한 쌍인 **중심립**(**미세소관**의 집합)이 수직으로 만나서 L자형으로 배치된 구조를 이룹니다.

세포가 분열하는 시기가 되면 중심체는 둘로 나뉘어 세포의 양끝으로 이동하고 분열의 중심이 되는 존재가 된답니다.

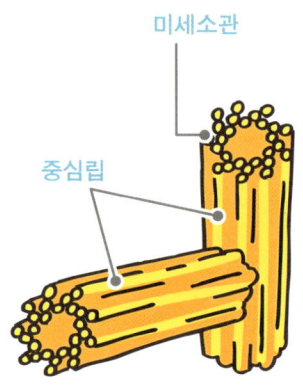

미세소관
세포 소기관의 이동과 단백질 등의 물질이 운반될 때 레일과 같은 역할을 한다. 이것의 집합이 중심립이다.

리소좀

리소좀은 **가수분해효소**라고 하는 강력한 효소를 많이 함유하며 필요 없는 단백질이나 지질 등의 물질을 분해하는 역할을 해요.

백혈구(→P.38) 등 이물질을 제거하는 기능이 있는 세포 안에 많이 존재하며 세포 안뿐만 아니라 밖에서 받아들인 물질도 분해하는 역할이 있어요.

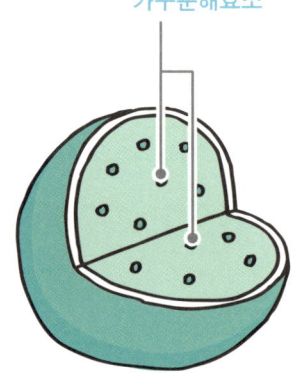

가수분해효소
물질이 물의 작용으로 분해되는 반응을 가수분해라고 한다. 가수분해효소란 이 반응을 돕는 효소를 말한다.

Part 2
혈액 세포

온몸을 바쁘게 돌아다니며 산소와 영양소 등을 운반하는 혈액. 여기에는 상처를 아물게 하거나 체내에 침입한 이물질을 제거하는 등 놀라운 기능을 하는 세포들이 존재합니다!

혈액이란?

온몸을 흐르는 **혈액**에는 다양한 역할이 있어요. 산소와 이산화탄소를 교환하거나 영양소나 호르몬 등의 운반, 체온 조절, 이물질 제거, 불필요한 물질을 회수하기도 하지요. 이런 일은 혈액의 액체 성분인 **혈장**과 형체가 있는 유형 성분인 **혈구**(→P.26)라고 불리는 세포들이 완수합니다.

혈액의 약 55퍼센트를 차지하는 혈장은 대부분이 물로 이루어져 있으며 영양소나 혈구를 운반하는 역할을 담당해요. 혈구는 크게 세 종류로 나눌 수 있는데 혈구의 대부분을 차지하는 **적혈구**(→P.30)와 **혈소판**(→P.34), **백혈구**(→P.38)가 있어요. 적혈구는 산소 '운송업자', 혈소판은 혈관 '수리공', 백혈구는 이물질과 싸워서 제거하는 '청소부'들이라고 생각하면 이해하기 쉬울 거예요.

참고로 혈액량은 몸무게의 약 8퍼센트를 차지한다고 합니다. 몸무게 60킬로그램인 사람이라면 약 5리터, 다시 말해 2리터짜리 페트병 두 개 반 분량이 그 사람의 혈액량이라는 계산이 나오네요.

CHECKPOINT

혈장

혈장이란 혈액에서 혈구를 제거한 담황색의 액체 부분을 말하며 '플라즈마'라고 불리기도 해요. 약 90퍼센트가 물이고 나머지 7~8퍼센트가 단백질, 2~3퍼센트가 전해질과 지질 등으로 이루어져 있지요. 전해질은 물에 녹으면 전기를 통하는 물질인데 이 경우에는 칼슘이나 나트륨을 말합니다.

혈액 성분

혈액은 액체 성분인 혈장과 유형 성분인 적혈구, 혈소판, 백혈구라는 세 가지 혈구로 이루어져 있어요.

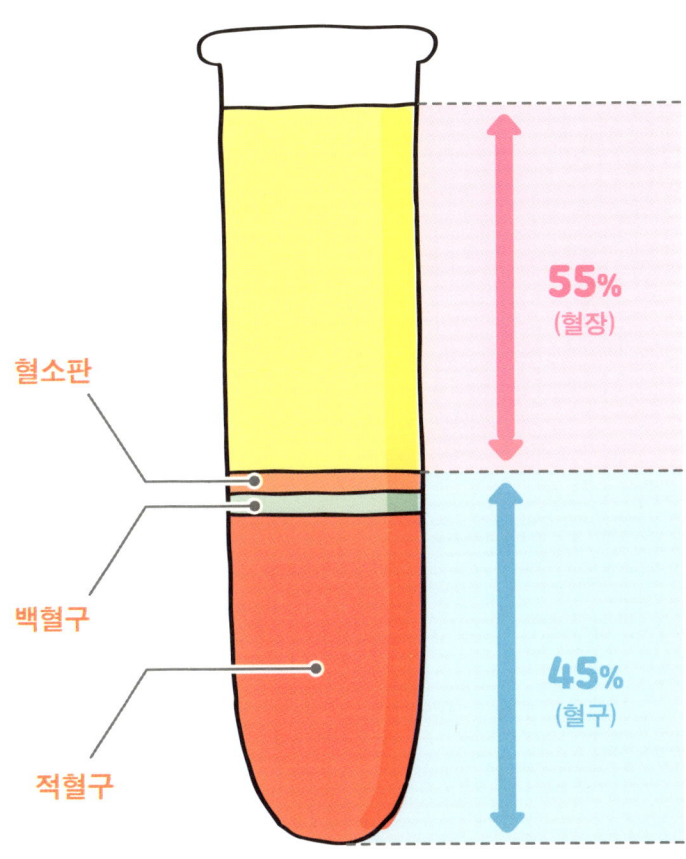

혈액의 색

혈액이 붉게 보이는 이유는 붉은색을 띤 적혈구의 수가 많기 때문이에요. 적혈구는 혈액 1$\mu\ell$(※1)에 무려 5백만 개 이상이나 존재해요! 덧붙이자면 혈소판은 30만 개, 백혈구는 8천 개 정도이므로 혈구의 대부분이 적혈구라는 사실을 알 수 있겠지요? 혈액에서 적혈구를 다 제거했다고 하면 혈액은 연한 노란색을 띤 투명한 액체가 됩니다.

(※1) 1마이크로리터($\mu\ell$)는 0.001밀리리터

혈구

태어난 곳은 다 똑같은 장소?

혈액의 45퍼센트를 차지하는 **혈구**에는 **적혈구, 혈소판, 백혈구**가 있어요. 이중 백혈구는 다시 **과립구, 단구, 림프구**로 나눌 수 있습니다. 이 혈구들은 각각 다른 역할을 하지만 실제로는 똑같은 장소, 똑같은 세포에서 생성됐어요.

모든 혈구는 뼈 속의 **골수**라고 하는 장소에 있는 **조혈모세포**(→P.28)라고 하는 세포에서 생산됩니다. 조혈모세포는 **분화**라는 기능으로 다양한 혈구를 만들어낼 수 있어요. 분화란 어떤 세포가 특정 역할을 담당한 다른 세포로 변화하는 것을 말합니다. 즉 모든 혈구는 원래 조혈모세포라고 하는 세포였답니다.

참고로 조혈모세포는 갑자기 적혈구나 백혈구가 되는 것이 아니라 여러 단계를 거쳐서 계층적으로 분화해요. 이런 과정은 기본적으로 골수에서 이뤄지는데 림프구의 일종인 **T세포**(→P.54)로 최종 분화하는 것만은 흉선(※1)이라는 장소에서 이뤄집니다.

CHECKPOINT

골수

골수는 뼈의 내부를 채우는 조직이며 여기에는 다양한 분화 단계인 조혈모세포가 존재해요. 혈액을 만드는 일을 '조혈'이라고 하는데 이 일이 활발히 이루어질수록 골수는 붉은색으로 보이지요. 노화로 조혈 능력이 쇠퇴하면 골수의 붉은색 비율은 감소해요. 그래서 나이가 들수록 점점 노란빛을 띠게 됩니다.

(※1) 심장 앞쪽에 있는 기관. T세포로 분화하도록 촉진하는 기능을 한다.

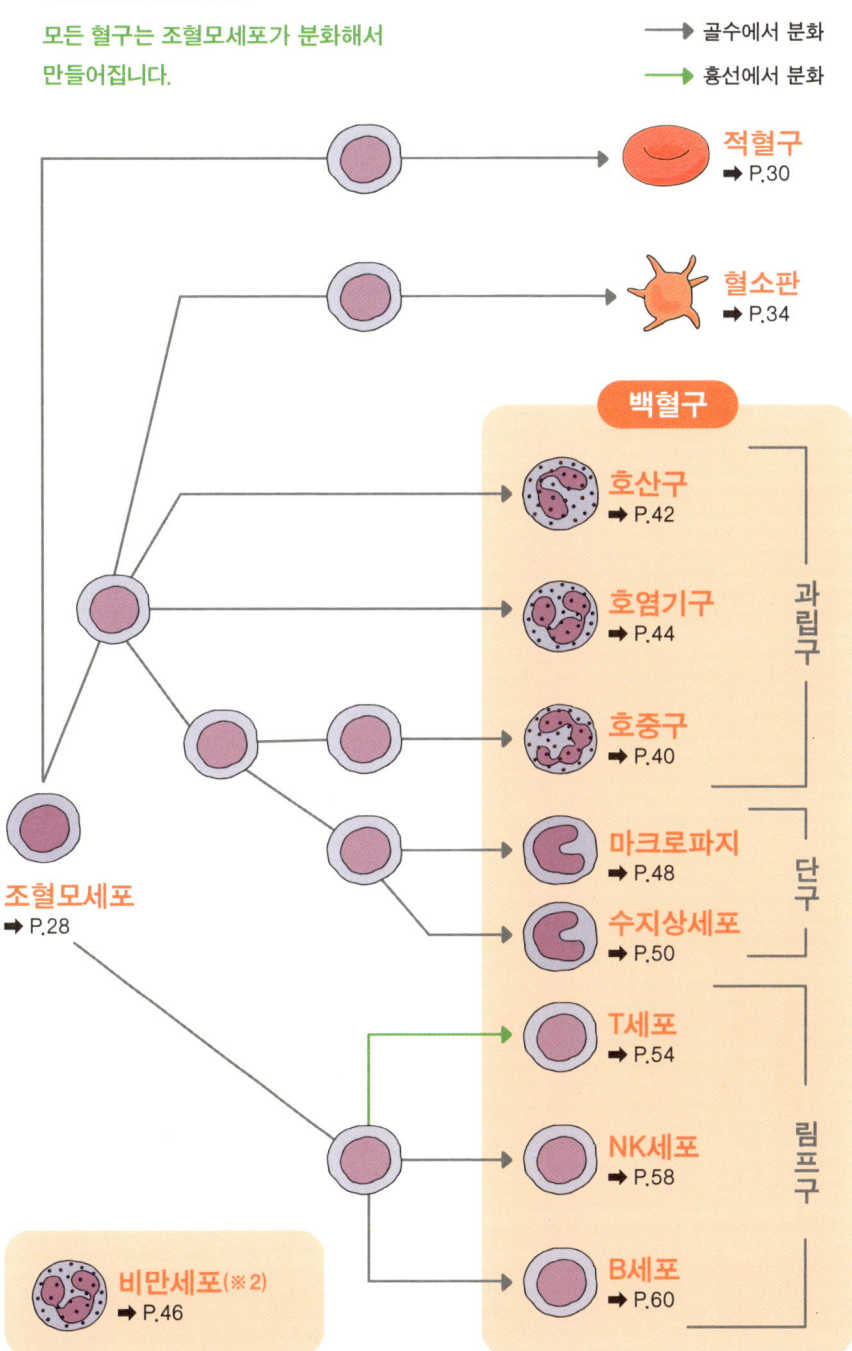

CELL NO.2

모든 혈구의 '어머니'

조혈모세포

분화해서 자신을 혈구로 분화시킬 수 있다. 또한 수명이 없어서 끊임없이 세포 분열한다.

수명이 없어서 혈구를 계속 만들어낸다

조혈모세포는 그 이름대로 혈액을 만드는 **줄기세포**(→P.136)입니다. **분화**라고 하는 다른 종류의 세포로 변화하는 기능으로 **적혈구**와 **혈소판**, **백혈구** 등 모든 **혈구**(→P.26)를 만들어내지요. 다른 모든 세포도 세포 분열로 자신과 똑같은 종류의 세포를 늘리는 일을 해요. 하지만 조혈모세포는 세포 분열을 하면서도 다시 분화해서 여러 가지 혈구로 변화합니다. 혈액계를 뒷받침하는 '어머니'라고 할 수도 있는 존재랍니다.

또한 조혈모세포는 다른 세포와 비교해서 세포 분열하는 능력이 매우 높다는 점이 더더욱 대단해요. 대부분의 세포는 세포 분열을 할 수 있는 횟수가 정해져 있어서 다 끝나면 죽는데 조혈모세포에는 그 제한이 없어요. 즉 조혈모세포에는 수명이 없습니다.

다소 능력이 조금 쇠퇴하는 경우가 있더라도 인간이 살아 있는 동안 세포 분열과 분화를 끊임없이 반복합니다.

조혈모세포가 존재하는 덕분에 인간의 몸에는 생명을 유지하는 혈액이 계속 흐르는 거예요. 정말로 위대한 존재가 아닐 수 없네요!

CHECKPOINT

조혈모세포 이식

정상적인 혈액을 만들기가 어려워진 백혈병 및 재생 불량 빈혈 등에 걸린 환자에게 조혈모세포를 이식해 정상적인 혈액을 만들어내도록 하는 치료법을 말합니다. 백혈병 치료법으로 유명한 골수 이식은 조혈모세포가 포함된 골수액을 제공자(donor)로부터 환자에게 이식하는 방법이에요.

CELL NO.3

산소를 운반하는 '운송업자'

적혈구

가운데가 움푹 파인 모양 띠을 띠며 형태를 유연하게 변형할 수 있다. 온몸에 산소를 운반하는 일을 한다.

산소를 효율적으로 운반하기 위해서 특징적인 형태를 띤다

인체를 구성하는 세포 중에서 **적혈구** 수가 가장 많습니다. 인체의 세포는 총 약 37조 개나 된다고 하는데 그중 적혈구는 약 20조 개로 무려 절반 이상을 차지해요! 그런 적혈구가 하는 일은 이른바 '운송업자'랍니다. 폐포(※1)에서 얻은 산소를 안고 온몸에 운반하는 역할을 해요. 적혈구는 **글루코스(포도당)**를 에너지원으로 삼아 혈액 속을 부지런히 돌아다닙니다. 또한 산소를 몸속 조직까지 운반한 적혈구는 그곳에서 이산화탄소를 인수해 몸 밖으로 내보내기 위해서 폐포로 운반하기도 해요. 참고로 적혈구가 붉게 보이는 이유는 **헤모글로빈**이라는 물질 때문이에요. 헤모글로빈에는 산소와 결합하면 선명한 붉은색이 되는 성질이 있답니다.

적혈구의 형태는 매우 특징적인데 가운데가 움푹 파인 원형 쿠션처럼 생겼어요. 또 **핵**(→P.19)이 없을 뿐만 아니라 **미토콘드리아**(→P.20)나 **리보솜**(→P.21)도 갖고 있지 않아요. 좁은 모세혈관을 지나 몸의 구석구석까지 산소를 운반하려면 형태를 유연하게 바꿔야 하기 때문이지요. 적혈구는 직접 에너지를 만들거나 유전 정보를 전달하는 것도 포기하고 일을 완수하는 것을 선택한 매우 유능한 일꾼입니다.

CHECKPOINT

헤모글로빈

헤모글로빈은 산소가 많은 곳에서는 산소에 달라붙고 적은 곳에서는 산소를 풀어 놓는 성질이 있어요. 산소가 많은 폐에서 산소에 달라붙고 산소가 적은 몸속 조직까지 운반해 그곳에서 산소를 풀어 놓습니다. 적혈구가 산소를 운반하는 것은 이 헤모글로빈의 성질에 따른 기능이에요.

(※1) 폐 속에 있는 산소와 이산화탄소를 교환하는 장소. 허파꽈리라고도 한다.

적혈구의 형태

핵이 없는 적혈구는 조금 특수한 형태를 띱니다. 이렇게 해서 모든 혈관을 돌아다니며 온몸에 산소를 운반할 수 있어요.

지름 약 7.5㎛

이 지름이 다른 세포 크기의 기준이 됩니다. 예를 들어 어떤 세포의 길이가 적혈구의 두 배라면 그 세포의 길이는 약 15㎛라고 계산할 수 있어요.

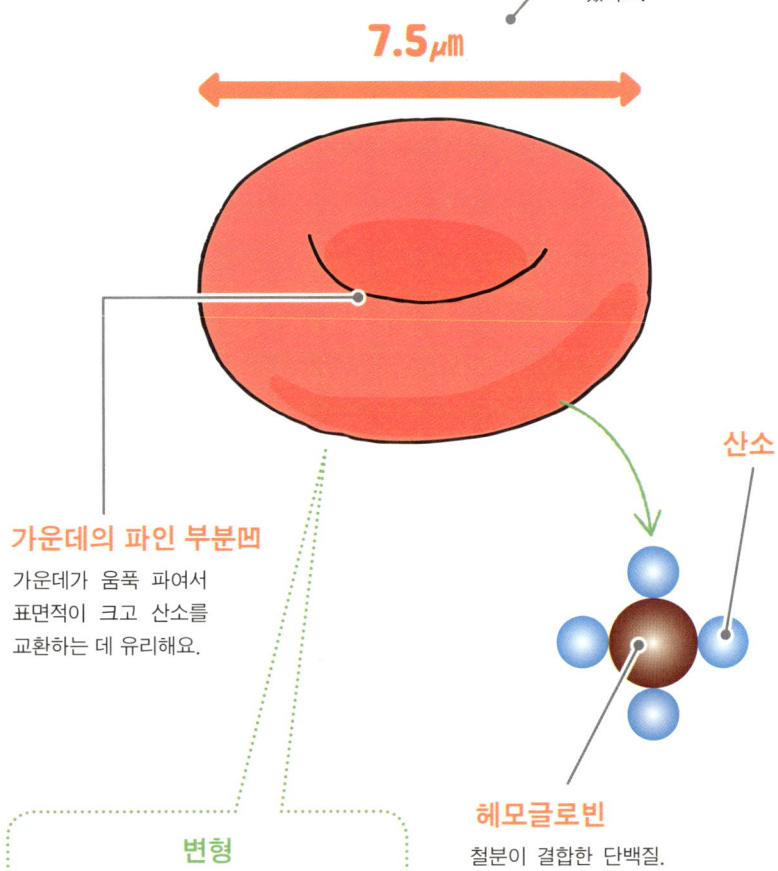

가운데의 파인 부분凹

가운데가 움푹 파여서 표면적이 크고 산소를 교환하는 데 유리해요.

헤모글로빈

철분이 결합한 단백질. 헴이라고 불리는 붉은 색소를 갖고 있어요.

변형

가운데가 움푹 파인 형태는 변형하기 쉽습니다. 구부러져서 자신의 지름보다 가는 혈관 속에서도 형태를 유연하게 바꿔서 통과할 수 있어요.

적혈구가 지나는 길(혈액순환)

심장에서 밀려나온 혈액은 동맥을 지나 온몸으로 흐릅니다. 적혈구는 모세혈관 등에서 산소, 이산화탄소를 교환하며 정맥을 지나 심장으로 돌아갑니다.

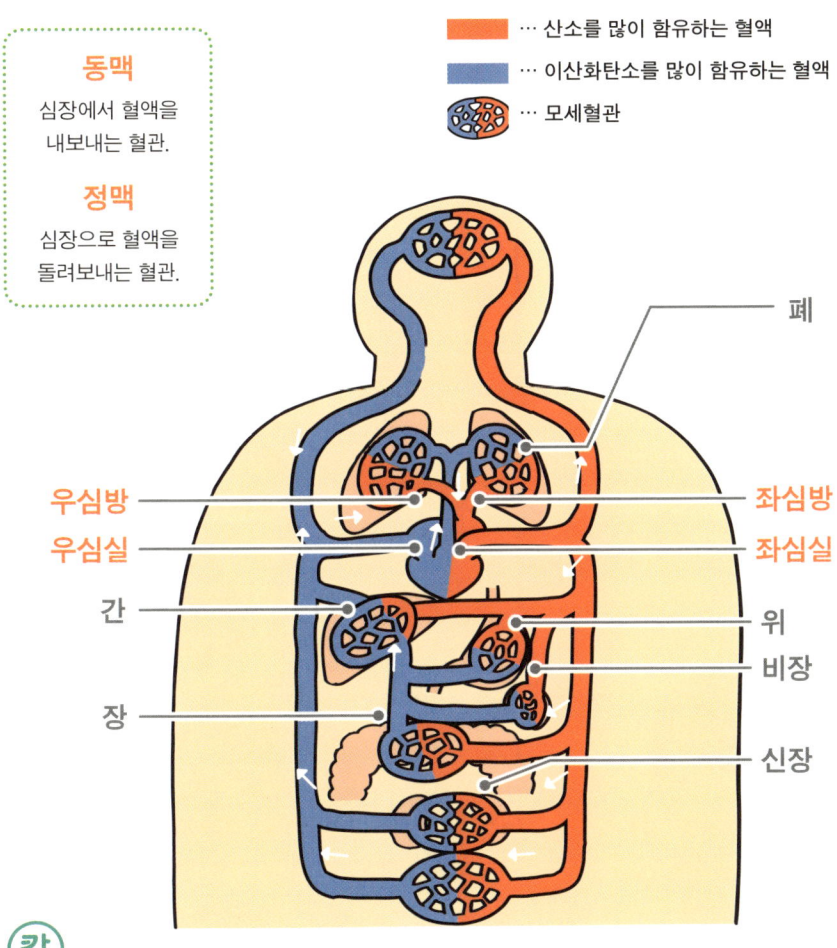

동맥
심장에서 혈액을 내보내는 혈관.

정맥
심장으로 혈액을 돌려보내는 혈관.

··· 산소를 많이 함유하는 혈액
··· 이산화탄소를 많이 함유하는 혈액
··· 모세혈관

폐, 우심방, 좌심방, 우심실, 좌심실, 간, 위, 비장, 장, 신장

칼럼! 혈관

인체 내부에 뻗어 있는 혈관은 전부 연결하면 약 10만 킬로미터나 됩니다. 이 길이는 거리로 계산하면 지구를 두 바퀴 반이나 돌 수 있을 정도랍니다. 혈관의 종류는 크게 동맥, 정맥, 모세혈관, 이 세 가지로 분류합니다. 그중 모세혈관은 적혈구가 겨우 지나갈 수 있을 정도로 가늘어요. 혈액은 심장에서 1분에 5리터 정도 배출되는데 평균 약 1분이라는 속도로 온몸을 순환합니다.

CELL NO.4

혈관을 복구하는 '수리공'

혈소판

약 2㎛로 작지만 상처를 아물게 하려면 꼭 필요한 커다란 존재. 외상을 발견하면 그 즉시 무리를 지어 모여든다.

딱지를 만들어 지혈한다

혈소판은 **적혈구**(→P.30)나 **백혈구**(→P.38)와 비교하면 크기는 작지만 몸속에서는 '수리공'으로서 높이 평가받는 능력을 갖고 있어요. 주로 찰과상이나 베인 상처를 아물게 하지요. 상처가 나서 혈관이 터지면 급히 달려와서 혈액을 응고시킵니다. 다시 말해 혈소판이 없으면 피가 멈추지 않아요!

게다가 정말로 신중하게 일한답니다. 처음에 서둘러 모여서 피를 응고시키고 상처에 뚜껑을 덮어요. 하지만 이것만으로는 피가 완전히 멈추지 않아요. 그 후 혈소판은 **피브린**(※1)이라고 하는 접착제처럼 피를 응고시키는 물질로 다시 한 번 뚜껑을 덮어요. 여기에 적혈구나 백혈구가 걸려서 큰 덩어리가 되어 혈관이 복구됩니다. 상처가 마르면 딱지가 생기잖아요? 그 딱지가 바로 혈소판이 만든 뚜껑이에요. 딱지 밑에서는 **마크로파지(macrophage)**(→P.48)가 죽은 세포를 청소해서 새로운 조직이 서서히 만들어진답니다.

그런데 이렇게 우수한 수리공이지만 애석하게도 수명이 매우 짧아요. 대체로 7~10일이 지나면 자신의 역할을 마치고 이 세상을 떠납니다. 그러나 그 후에도 새로운 혈소판이 계속 생성되어 그 일을 이어받아요.

딱지

지혈이 끝나기 전까지 혈액은 조금씩 몸 밖으로 스며 나와요. 스며 나온 혈액에도 혈소판이 작용해서 응고됩니다. 이렇듯 몸 밖에서 외상에 달라붙어 혈전을 만든 것이 딱지의 정체랍니다. 딱지가 암적색인 이유는 피브린에게 붙잡힌 적혈구가 마른 것이 보이기 때문이에요.

(※1) 응고인자라고 불리는 물질과 혈소판이 모여서 만들어진 단백질

지혈되는 과정

상처가 나면 혈소판은 상처에 모여들어 혈액을 응고시키는데 중요한 피브린을 만들어 강력한 뚜껑(혈전)을 덮습니다.

① 혈관 파열
상처로 혈관이 터지면 출혈이 생긴다.

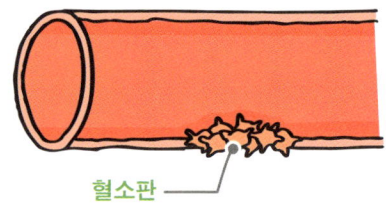

혈소판

② 1차 지혈
혈소판이 모여 달라붙어서 혈전(1차 혈전)을 만들어 뚜껑을 덮는다.

피브린

③ 2차 지혈
피브린을 만들어 ②를 덮고 다시 혈전(2차 혈전)으로 뚜껑을 덮는다.

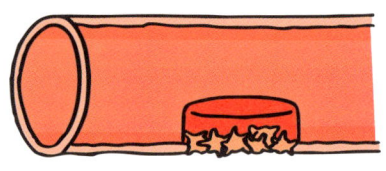

④ 지혈 완료!
③에 다시 한 번 적혈구나 백혈구가 달라붙어 상처가 완전히 막힌다.

CHECKPOINT

1차 지혈과 2차 지혈

1차 지혈에서는 혈소판이 상처에 많이 모여들어 서로 달라붙어서 지혈이 이뤄집니다. 이때 혈소판이 혈관에 달라붙는 것을 '점착', 지혈에 유용한 물질을 내보내는 것을 '방출', 혈소판끼리 서로 달라붙는 것을 '응집'이라고 해요. 또한 2차 지혈은 '혈액 응고 반응'이라고 불리기도 합니다.

혈우병

영국 왕실을 괴롭혔다! 피가 잘 멈추지 않는 질환

　혈우병이란 쉽게 말하자면 피가 잘 멈추지 않는 질환입니다. 살짝 부딪치기만 해도 멍이 들거나 작은 상처로 심각한 출혈을 일으켜 생명의 위험이 생길 수도 있어요.

　주로 유전이 원인이 되어 생기는 질환으로 19세기에 활약한 영국의 빅토리아 여왕이 혈우병 유전자를 보유한 탓에 그 자손이 몇 명이나 혈우병에 걸렸지요. 그러나! 실제로 빅토리아 여왕은 혈우병 환자가 아니에요. 유전자 관계로 혈우병 환자의 99퍼센트 이상이 남성이며 여성 환자는 거의 없답니다. 빅토리아 여왕처럼 발병하지 않더라도 혈우병 유전자를 보유한 여성은 많습니다.

　혈우병은 혈액을 응고시키는 '혈액 응고 인자'라고 하는 성분 중 하나가 결핍되어서 일어납니다. 그래서 부족한 성분을 투여하는 치료가 효과적이에요. 예를 들면 격렬한 운동을 할 예정이 있을 때처럼 출혈 위험이 높아지기 전이나 정기적으로 혈액 응고 인자를 주사로 맞아서 출혈을 예방하는 방법과 출혈한 후에 혈액 응고 인자를 포함한 약을 투여해 보충하는 방법 등이 있어요.

백혈구

여러 가지 방법으로 온갖 이물질과 싸운다

백혈구는 대략적으로 말하자면 몸속에 침입한 세균이나 바이러스와 같은 이물질을 제거하여 감염증 등을 막는 **면역 기능**(→P.52)을 담당하는 세포입니다. 사실 '백혈구'란 '혈구 중 적혈구와 혈소판을 제외한 세포'라는 의미이며 특정한 세포명이 아니에요. 백혈구는 크게 **과립구**, **단구**, **림프구**의 3가지로 나뉘는데 여기에도 다양한 종류가 존재합니다. 종류마다 싸우는 상대나 전법도 달라요.

백혈구는 몸속에 침입한 이물질을 발견하면 **사이토카인**(→P.43)이라고 하는 소통 매개체를 사용해서 백혈구끼리 서로 협력해 면역 기능을 일으킵니다. 이물질이 침입한 사실을 연락해서 동료를 불러들이거나 이물질 속에서 **항원**이라는 물질을 추출해 그 정보를 교환하여 이물질의 종류와 특징에 맞춰 적절한 공격을 펼친답니다.

CHECKPOINT

이물질

체내에 원래 없어야 하는 물질을 이물질이라고 부릅니다. 백혈구가 제거하는 이물질로는 세균이나 바이러스, 암세포, 바이러스에 감염된 자신의 세포 등이 있으며 백혈구의 종류에 따라 제거할 수 있는 이물질이 달라요. 참고로 이물질의 일종인 '병원체'는 세균이나 바이러스, 기생충 등 질병의 원인이 되는 미생물 등을 말합니다.

백혈구의 종류

백혈구는 크게 나눠서 골수계와 림프계 그룹이 있으며 골수계에는 과립구와 단구, 림프계에는 림프구가 존재합니다.

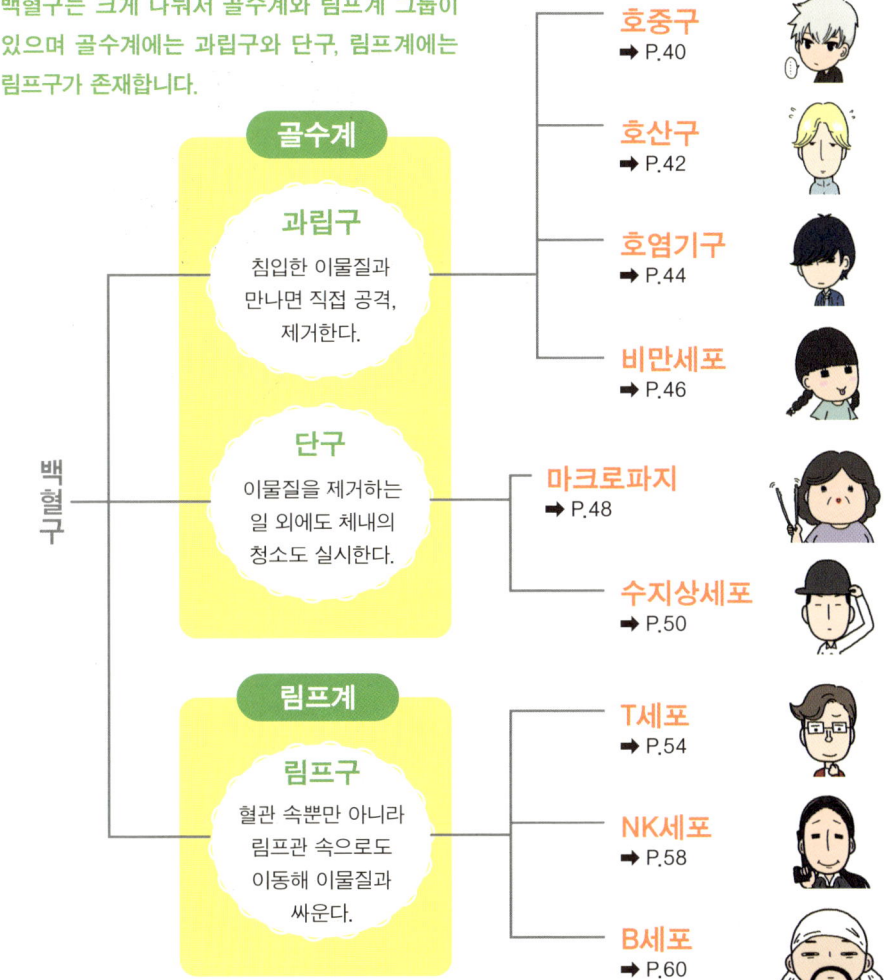

CHECKPOINT

항원

이물질 속에는 백혈구가 '반드시 제거해야 한다'고 인식하는 물질이 있는데 이를 항원이라고 부릅니다. 면역 기능은 주로 마크로파지나 수지상세포가 이물질을 먹고 항원을 추출해서 림프구에 항원 정보를 전달하면 작용해요. 정보를 받은 림프구는 저마다 자신 있는 방법으로 이물질 제거에 착수합니다.

소식하는 '킬러'

호중구

이물질과 싸우는 백혈구들의 대표적인 존재. 혈액을 자유롭게 돌아다니며 이물질을 가장 먼저 먹어 치워 제거한다.

세균과 싸워서 먹어치운다

몸속에 세균 등의 이물질이 침입하면 **마크로파지**(→P.48)나 **수지상세포**(→P.50)가 보낸 연락에 안테나(**리셉터**)가 반응해요! 씩씩하게 현장으로 달려가 조용히 이물질을 처리하는 멋진 '킬러'가 바로 호중구랍니다.

호중구의 가장 큰 특징은 혈액의 흐름에 몸을 맡겨서 이동하지 않고 직접 자유롭게 이동한다는 점이에요. 이를 **유주**라고 합니다. 또한 호중구는 이물질을 붙잡으면 그 자리에서 먹어서 죽여 버려요. 그 후 먹은 이물질을 세포 내 **리소좀**(→P.22)에서 산산조각으로 분해하는데 이를 **탐식**이라고 해요.

하지만 호중구는 같은 백혈구 동료 중에서 대식세포로 불리기도 하는 **마크로파지**(→P.48)와 비교하면 조금 소식하는 편이에요. 그 때문에 **소식 세포(마이크로파지, microphage)**라고 불리기도 한답니다. 각각 소식하는 대신 백혈구 수의 약 60퍼센트를 차지할 정도로 많아요. 그래서 일반적으로 '백혈구'라고 하면 대체로 호중구를 말합니다.

배부른 호중구는 역할을 다 마치면 죽습니다. 참고로 상처를 방치해 놓으면 생기는 고름의 정체는 사실 역할을 마치고 죽은 호중구들의 덩어리에요. 호중구가 열심히 싸운 모습을 눈으로 볼 수 있답니다.

CHECKPOINT

리셉터(receptor)

'수용체'라고 불리기도 해요. 세포의 표면(세포막상)에 존재하며 외계나 체내에서 들어오는 온갖 정보를 받아들이는 단백질입니다. 호중구의 경우 마크로파지 등이 분비한 사이토카인(→P.43)이라는 정보를 전달하기 위한 이물질을 여기서 받아들여서 일하기 시작해요.

CELL NO.6

알레르기 반응에도 관여하는 '기생충 킬러'

호산구

특히 기생충과 싸워서 제거하는 역할이 크다. 알레르기 반응에도 깊이 관여한다고 한다.

기생충 퇴치를 잘한다

인간의 몸에는 아니사키스(고래회충)나 촌충 등 기생충이라고 하는 이물질이 침입합니다. **호산구**는 그들을 전문적으로 퇴치하는데 이물질이 침입했다는 알림을 받으면 현장으로 달려가 기생충을 재빨리 발견해서 제거하지요. 또 상대가 강적일 때는 협력요원으로 다른 호산구를 부르기도 해요. 정말로 잘 훈련받은 부대의 일원이랍니다.

또한 호산구는 **비만세포**(→P.46)가 분비한 **사이토카인**으로 기능이 활발해져서 이물질을 제거하는 능력이 높아져요.

호산구는 생성되면 가장 먼저 혈액을 타고 몸속을 순환합니다. 그 후 폐와 장, 피부 등 각자 배정받은 근무지로 향해요. 근무지에서는 꼼짝않고 이물질이 침입하는지 지켜보거나 동료에게서 협력 요청을 기다리며 기생충 퇴치를 위한 준비 체제를 갖춘답니다.

그밖에도 호산구는 **알레르기 반응**(→P.45)을 억제하는 기능도 있어요. 그래서 아토피성 피부염, 꽃가루 알레르기 등 알레르기성 질환에 걸리면 그 수가 늘어나요. 하지만 필요 이상으로 늘어나면 심장이나 폐, 피부나 신경 등에 손상을 입히는 호산구 증가증(※1)이나 자칫 잘못하면 생명과 관련된 다른 질병에 걸리고 맙니다.

CHECK POINT

사이토카인
세포끼리 정보를 전달하거나 다른 세포의 기능을 활발하게 하기 위한 단백질. 예를 들면 마크로파지가 이물질을 발견했을 때 사이토카인을 분비하여 다른 백혈구에게 침입을 알립니다. 호중구가 적이 있는 장소에 모일 수 있는 것도 이 사이토카인이 분비되었기 때문이에요.

(※1) 호산구가 1500개/μl 이상 증가하는 현상이 6개월 이상 지속된 상태

수가 적고 의문스러운 점이 많다

어떨 때는 암을 발견해서 파괴하고 또 어떨 때는 인간의 피를 빨아먹는 진드기의 공격에 반격하는 **호염기구**의 정체는……? 사실 잘 알려져 있지 않아요. **백혈구**(→P.38) 속에서 가장 신비에 싸인 존재라고 할 수 있지요. 호염기구는 전체 백혈구의 1퍼센트로 수가 적다는 점이나 기능이 **호산구**(→P.42)와 **비만세포**(→P.46) 등과 비슷하다는 점에서 오랫동안 어떤 세포인지 알지 못했답니다.

알려진 사실은 호염기구도 호산구와 마찬가지로 기생충 등의 이물질을 제거하는 기능과 깊은 관계가 있다는 점이에요. 또한 비만세포처럼 **알레르기 반응**을 일으킬 수 있다는 점도 밝혀졌지요. 호염기구에는 히스타민이라는 물질이 포함되어 있는데 이 물질이 꽃가루 등에 있는 물질(**알레르겐** →P.47)에 반응해서 분비되면 천식이나 두드러기와 같은 증상을 일으킵니다. 참고로 이때 '자자, 참아'라며 달래는 것이 호산구에요. 호산구가 호염기구의 기능을 억제해서 호염기구의 알레르기 반응도 잠잠해진답니다.

이렇듯 최근에는 호염기구의 다양한 특징이 알려졌지만 여전히 의문스러운 점도 많아요. 아직도 신비에 싸여 있는 세포라고 할 수 있어요.

CHECKPOINT

알레르기 반응
체내에 들어온 음식물이나 꽃가루 등 원래는 몸에 피해를 주지 않아야 할 물질에 백혈구가 지나치게 반응할 때가 있어요. 이를 '알레르기 반응'이라고 부릅니다. 백혈구가 '이건 이물질이야'라고 인식해서 지나치게 반응하면 몸에 불리한 결과를 일으키고 말아요.

CELL NO.8

재채기와 콧물을 일으키는 '원인'

비만세포

꽃가루 알레르기나 천식과 같은 알레르기 반응의 원인을 제공한다. 인간을 살 찌우게 하지 않는다.

재채기와 콧물의 원인

　비만세포는 **히스타민**이나 **헤파린** 등 알레르기 반응을 일으키는 물질을 갖고 있어서 가끔 사람들을 괴롭기도 해요. 이름에 비만이라는 단어가 붙지만 살이 찌거나 빠지는 것과는 관계가 없으며 눈으로 봤을 때 볼록해 보여서 그런 이름이 붙었을 뿐이에요. **마스트 세포**(mast cell)라고 불리기도 한답니다.

　비만세포는 피부나 점막 등 온몸에 널리 존재하며 **호염기구**(→P.44) 등 다른 백혈구와 마찬가지로 몸을 지키는 기능을 담당하고 있지요. 그러나 꽃가루와 진드기, 음식물 등이 지닌 물질인 '**알레르겐**'에 지나치게 작용하면 **알레르기 반응**(→P.45)을 일으키는 원인이 됩니다. 그 구조를 설명해드릴게요.

　비만세포의 표면에는 **B세포**(→P.60)가 만드는 **항체**(→P.61)가 달라붙어서 이물질이 오기를 기다립니다. 정작 이물질이 나타나면 항체가 반응해서 최대한 몸 밖으로 내쫓으려고 하지요. 여기까지는 일반적인 면역 기능이지만 이물질이 알레르겐을 갖고 있는 경우 기능이 지나치게 작용하고 말아요. 이 '원인'으로 히스타민이나 헤파린과 같은 물질을 분비해서 재채기와 콧물, 눈물 등의 알레르기 반응이 일어나는 거예요.

CHECK POINT

알레르겐

알레르겐이란 항원(→P.39) 중에서도 알레르기 반응의 원인이 되는 물질로 알레르기 물질이라고 하기도 해요. 사람마다 알레르겐이 다양한데 삼나무나 편백나무 등의 꽃가루, 음식물, 진드기, 약물, 실내 먼지 등이 있어요. 주로 이런 물질에 비만세포가 반응해서 알레르기 반응이 일어납니다.

엄청 바쁜 '청소부'
마크로파지

체내에 침입한 이물질을 제거하는 능력이 매우 높으며 죽은 세포도 먹는다. 또한 이물질 침입을 연락해주는 역할도 담당한다.

이물질을 제거하는 능력이 매우 높다

마크로파지는 **백혈구**(→P.38) 중에서도 몸속에 침입한 세균이나 바이러스 등의 이물질을 먹어서 제거(**탐식**)하는 **식세포**의 대표격이라고 할 수 있어요. **호중구**(→P.40)가 '소식세포(마이크로파지)'라고 불리는 것과 대조적으로 '**대식세포**'라고 불리기도 하지요. 마크로파지는 이물질을 배제할 뿐만 아니라 이물질이 침입했다고 연락해서 다른 백혈구들에게 퇴치시키는 일도 시키느라 엄청 바빠요.

마크로파지는 50쪽에서 소개하는 **수지상세포**와 기능이 매우 비슷해요. 둘 다 이물질을 먹으며 **사이토카인**이라는 물질을 사용해 다른 백혈구에게 이물질이 침입했다고 연락해서 지시를 내리는 역할을 합니다. 하지만 굳이 말하자면 수지상세포는 다른 세포에게 지시를 내리는 것이 특기인 것에 비해서 마크로파지는 먹는 것이 특기랍니다.

마크로파지가 '대식세포'라고 불리는 이유는 또 하나가 있어요. 침입한 세균이나 바이러스 등의 이물질뿐만 아니라 역할을 다 마치고 죽은 **적혈구**(→P.30)나 백혈구 등의 사체도 먹어치우기 때문이에요. 이 대식가 덕택에 몸속이 늘 깨끗하게 유지됩니다. 정말로 '청소부'라는 이미지가 딱 어울리지 않나요?

CHECKPOINT

식세포

백혈구가 체내에 침입한 이물질과 싸우는 방법에는 쉽게 말하자면 '먹기', '직접 공격하기', '항체 만들기' 이렇게 3가지가 있어요. 그중에서도 '먹기'로 이물질을 제거하는 세포를 식세포라고 하는데 호중구, 마크로파지, 수지상세포가 이 세포로 분류됩니다.

CELL NO. 10

대활약하는 '사령탑'
수지상세포

마크로파지와 비교해서 수는 적지만 다른 백혈구들에게 지시를 내려서 움직이게 하는 능력이 특히 뛰어나다.

1컷:
보조T 세포 잘 들리나?
네, 잘 들립니다. 말씀하세요.
왠지 멋지네요.

2컷:
바이러스가 침입한 모양이다.
알겠습니다. 적은 죽일까요? 붙잡을까요?
영화 같아서 내 몸 속이라는 생각이 안 들어요.

3컷:
물론 자네에게 맡기겠네.
그럼 킬러 T세포를 보내겠습니다
정말로 멋지다. 하지만

4컷:
저 까치집이 신경 쓰여요…
빵빵
적의 특징 말인데…

다른 백혈구를 움직이게 하는 리더 같은 존재

수지상세포는 백혈구계의 '사령탑'이라고 불리는 리더 같은 존재입니다. 이물질을 제거(**탐식**)할 뿐만 아니라 다른 세포에게 지시를 척척 내려서 계속 이물질을 해치우지요. 나뭇가지와 같은(또는 자고 일어나 머리카락에 생긴 까치집 같은) 돌기가 뻗어 있어서 그 이름이 붙었어요. 몸 전체에 존재해서 일하는데 그중에서도 피부의 가장 바깥쪽(표피)에 있는 수지상세포는 <u>**랑게르한스 세포**</u>라고도 불러요. 늘 이물질과 만나는 표피에 존재하는 이 수지상세포는 몸을 지키는 최전선의 요새나 다름없답니다.

수지상세포는 몸속에 이물질이 침입하면 일단 직접 먹어서 제거하고 그 이물질로부터 **항원**(→P.39)을 추출합니다. 그렇게 해서 적의 특징을 기억해요. 그런 다음 **보조 T세포**(→P.54) 등 다른 백혈구에게 항원을 건네서 정보를 전달하고 공격 지시를 내립니다. 직접 싸워서 얻은 정보를 토대로 다른 동료에게 지시를 내리다니 정말로 '사령탑'이 따로 없네요. 또한 **사이토카인**을 분비해서 다른 백혈구의 기능을 활발하게 하기도 해요. 정보는 물론 사기도 불어넣습니다.

수지상세포의 더욱더 대단한 점은 한 번 만난 이물질의 특징을 절대로 잊어버리지 않는다는 점이에요. 그래서 이물질의 다음 침입에 대비해 미리 작전을 세워 놓을 수 있어요.

CHECKPOINT

랑게르한스 세포
표피에 존재하며 표피 전체 세포 수의 2~5퍼센트를 차지하는 수지상세포. 돌기를 서로 뻗어서 네트워크를 만들고 이물질 침입을 감지해서 공격 지령을 내립니다. 그밖에도 자외선이나 건조 등의 자극에 대한 반응을 억제하여 아토피성 피부염과 같은 염증을 예방하는 기능도 있어요.

면역 기능

면역 기능에는 크게 자연 면역과 적응 면역이 있어요. 꼭 알아두기 바랍니다.

→ 적을 공격하는 기능
⇒ 적을 알리는 기능

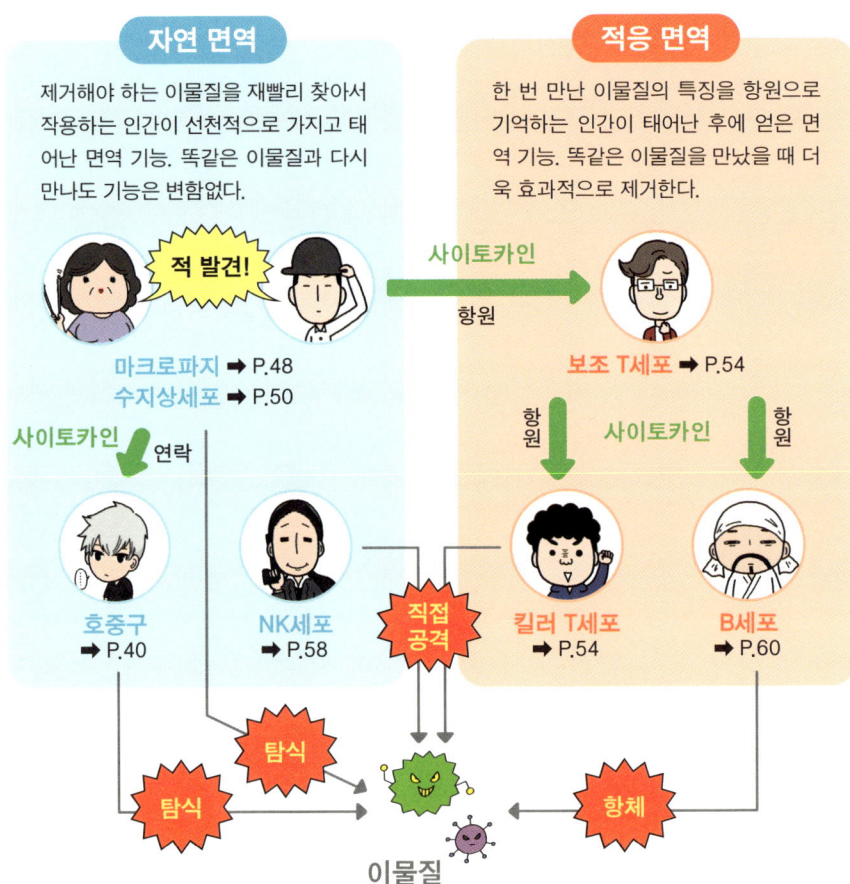

칼럼! '면역력이 높다'는 뜻이 무엇인가요?

면역 기능을 담당하는 백혈구 중에서도 수지상세포가 차지하는 비율이 높은 생물일수록 '면역력이 높다'고 하는 경우가 많아요. 인간은 다른 동물과 비교해서 수지상세포 수가 적습니다. 그러나 오랜 진화 과정에서 그 수가 서서히 늘어가고 있어요.

꽃가루 알레르기

마스크를 필수품으로 바꿨다! 꽃가루 알레르기는 이미 일본의 국민병?

면역은 세균 등의 유해 물질로부터 몸을 지켜주는 소중한 시스템입니다. 그런데 가끔 백혈구들이 필요 이상으로 힘내는 바람에 특정 이물질에 지나치게 작용할 때가 있어요. 그 결과로 몸에 이상이 일어나는 것을 알레르기 반응이라고 합니다.

가장 유명한 것은 일본 국민의 약 4분의 1이 걸린다고 하는 꽃가루 알레르기예요. 알레르기 반응의 구조는 어느 물질이든 기본적으로 똑같은데 여기서는 꽃가루를 예로 들어 소개하겠습니다.

꽃가루 알레르기에 걸린 사람의 몸속에 꽃가루가 침입하면 먼저 마크로파지가 원래는 무해해야 할 꽃가루를 이물질로 인식합니다. 다음으로 그 정보를 받은 보조 T세포가 '퇴치하기 위한 항체를 만들어라'라고 B세포에게 연락합니다. 그리고 그 항체가 비만세포에 달라붙어서 꽃가루를 기다릴 준비가 갖춰집니다.

그때 꽃가루가 들어오면 항체가 반응하고 비만세포는 대량으로 콧물 등을 분비해서 꽃가루를 내쫓으려고 해요. 하지만 원래대로라면 꽃가루는 몸속에 들어와도 별로 문제되지 않아요. '그러니까 백혈구들, 착각하지 마! 콧물이 나오는게 더 괴롭다고~'라는 상황이 일어나는 것이 꽃가루 알레르기입니다.

면역 트리오

T 세포

① 보조(헬퍼) T세포

면역 시스템을 조절하는 역할을 한다. 수지상세포 등으로부터 정보를 받아서 킬러 T세포와 B세포에게 지시를 내린다.

② 킬러 T세포

보조 T세포로부터 지시를 받아서 세균이나 바이러스에 감염된 세포, 암세포 등의 이물질을 파괴하는 킬러 세포

이물질과 싸우는 전문가 집단

T세포는 혈구 중에서 유일하게 골수가 아니라 심장 앞쪽에 있는 흉선이라는 장소에서 생성됩니다. 원래 T세포의 'T'는 흉선(Thymus)의 머리글자를 딴 것이에요.

T세포에는 더욱 다양한 종류가 있으며 역할도 다릅니다. 그중에서도 보조 T세포, 킬러 T세포, 조절 T세포가 대표적이에요. 각각 자신의 역할을 완수해서 몸을 지키는 면역 시스템을 담당합니다.

예를 들면 보조 T세포는 면역 시스템의 '조절 역'으로 다른 세포와 서로 연락하며 공격 지령을 내려요. 킬러 T세포는 이물질과 직접 싸우는 '킬러'에요. 또한 조절 T세포는 킬러 T세포 등을 지켜보며 기능이 지나

❸ 조절 T세포

알레르기 반응 등을 일으킬 수 있을 때 그 기능을 억제하는 면역계의 평화주의자.

치게 작용하는 것을 억제하는 '평화주의자'입니다.

때로는 잘 조절되지 않아서 실패하기도 하지만…. 기본적으로는 각각 개성을 발휘해서 서로 협력하며 몸을 지켜 준답니다.

T세포 ① 면역 활동의 '조절 역'
보조 T세포

보조 T세포는 면역 기능을 조절하는 림프구계의 리더 같은 존재입니다. 보조 T세포는 **마크로파지**(→P.48)나 **수지상세포**(→P.50)로부터 이물질이 침입했다는 연락을 받으면 그 정보를 토대로 해서 '어떤 식으로 공격할까' 작전을 세우지요. 또 어떨 때는 **킬러 T세포**에게 '적을 죽여!'라고 지시하거나 **B세포**(→P.60)에게 '항체를 만들어!'라고 명령하는 등 이물질의 특징에 맞춰서 가장 적합해 보이는 동료에게 지시를 내려 면역 기능이 잘 움직이게 합니다.

이렇듯 보조 T세포가 평소에는 면역 시스템 조절에 철저하지만 때로는 직접 전쟁터에 나가기도 해요. 장 속에 이물질이 침입한 경우인데 그때는 마치 킬러 T세포처럼 비정한 킬러로 변신해서 이물질을 파괴한답니다.

이런 보조 T세포의 천적은 HIV라고 하는 바이러스에요. 이 바이러스에 사로잡히면 원래의 힘을 발휘하지 못해서 에이즈라는 병을 일으킵니다.

CHECKPOINT

에이즈(후천 면역 결핍증)
면역 결핍증이란 몸을 보호하는 면역 기능이 저하되어 일어나는 병을 말합니다. 그 중에서도 성감염증으로 유명한 에이즈가 대표적이에요. 그 원인인 HIV(인체 면역 결핍 바이러스)는 보조 T세포 속에 들어와 죽이기 때문에 다른 면역과 관련된 세포들의 기능도 약해집니다.

T세포② 통칭 '세포계의 킬러'
킬러 T세포

백혈구 중에서는 **호중구**(→P.40)가 대표적인 존재지만 세포계에서는 킬러 T세포가 '킬러'로 특별히 이름을 떨치고 있습니다. 상비하는 무기 '**퍼포린**'이라는 물질을 사용해 이물질을 제거하지요.

평소에는 **보조 T세포**의 명령으로 움직이는데 이물질을 직접 찾아서 공격하기도 합니다. 때로는 아군을 공격하는 등 지나치게 일하기도 해서 다른 T세포를 곤란하게 만들 때도 있어요.

참고로 퍼포린이라는 물질은 이물질에 구멍을 내서 파괴할 수 있는 단백질이에요. **NK세포**(→P.58) 등도 사용하는 킬러들의 강력한 무기로 유명합니다.

T세포③ 면역계의 '평화주의자'
조절 T세포

조절 T세포는 다른 T세포들이 면역 기능을 지나치게 작용하는 것을 억제해 평화를 지키는 존재에요.

이를테면 **킬러 T세포**가 힘이 넘칠 경우 이물질이 아니라 아군인 세포를 공격하는 **알레르기 반응**(→P.45)의 일종을 일으킬 수 있어요. 관절 류머티즘 등의 질환을 예로 들 수 있지요. 조절 T세포는 그런 일이 일어나지 않도록 감시하며 지나친 기능을 억제하는 역할을 맡고 있습니다. 하지만 조절 T세포가 면역 기능을 억제하는 자세한 구조는 아직 밝혀지지 않았어요.

직접 순찰하며 이물질을 파괴한다

적이 되는 세균 등을 발견하면 즉시 **퍼포린**이라는 단백질을 분비해서 적의 **세포막**(→P.20)에 구멍을 뚫어요! 또한 **그란자임**이라는 단백질도 사용해서 숨통을 끊어버리죠! **NK세포**는 이 2단계 공격으로 이물질을 확실히 퇴치합니다. NK는 '내추럴 킬러(natural killer)'의 약자로 '타고난 킬러'라는 의미에요.

똑같은 킬러라도 **킬러 T세포**(→P.54)는 기본적으로 **보조 T세포**(→P.54)의 지시에 따라 움직여요. 그에 비해 NK세포는 직접 체내를 순찰해 즉시 제거하는 한 마리의 늑대 같은 유형의 킬러라서 그런 점이 이름의 유래가 되었답니다.

혼자서 싸우려면 적을 확정하는 능력도 뛰어나야 해요. 그래서 NK세포는 안테나(**리셉터**) 두 개를 갖고 있지요. 하나는 적을 발견하는 **활성화형 리셉터**이며 또 하나는 적과 아군을 구별하는 **억제형 리셉터**에요. NK세포는 이 두 안테나를 구사해 적과 아군을 정확히 판단합니다.

덧붙이자면 사람이 웃을 때 몸속에서는 **신경 펩티드**라는 물질이 분비됩니다. 이 물질에는 NK세포를 활발하게 하는 힘이 있다고 알려져 있어요. '웃음이 면역력을 향상시킨다'는 말은 미신이 아니라 과학적으로 증명된 사실이에요!

NKT세포

림프구의 동료 중 하나로 NKT세포가 있는데 NK세포와 T세포의 성질을 겸비한 세포입니다. NK세포가 하는 이물질에 대한 공격뿐만 아니라 보조 T세포나 조절 T세포가 하는 면역 시스템 조절 및 억제 기능도 담당해요.

CELL NO. **13**

항체 만들기의 '장인'

B 세포

항원을 제거하기 위한 표적이 되는 항체를 만들어 내서 세균이나 바이러스 등을 간접적으로 공격하는 역할을 맡는다.

항원을 제거하는 표적(항체)을 만든다

킬러 T세포(→P.54)나 **NK세포**(→P.58)처럼 이물질과 직접 싸우지 않고 **B세포**는 이물질을 해치우기 위한 표적이 되는 **항체**를 만듭니다.

B세포가 만드는 항체에는 여러 종류가 있는데 항체 한 종류는 **항원**(→P.39) 한 종류에만 대항할 수 있어요. 세균이나 바이러스 등의 종류에 따라 전부 다른 항체가 필요하지요. 또한 B세포 하나당 항체 한 종류만 만들 수 있어요. 하지만 체내에는 수백 만 ~ 수억 개의 B세포가 존재해서 각각 특정 이물질 전용 항체를 만듭니다. 그 덕분에 인간이 체내에서 만들어낼 수 있는 항체의 종류는 무려 1억 종류가 넘어요.

B세포는 주로 **보조 T세포**(→P.54)로부터 '항체를 만들어'라는 지시를 받아서 항체를 만들기 시작해요. 완성된 항체는 혈관 속이나 림프관 속을 순환해서 최종적으로 항원에 달라붙어 다른 백혈구들이 적을 인식하는 표적이 되지요. 그 때문에 면역 기능이 순조롭게 작용합니다.

B세포는 항체의 이물질 제거가 끝나면 대부분이 역할을 마치고 죽지만 일부는 **기억세포**(→P.62)로 남아서 두 번째 침입에 대비해요.

CHECKPOINT

항체
항체란 이물질이 갖고 있는 항원에 달라붙어서 백혈구가 이물질을 제거하는 기능을 촉진하는 표적과도 같은 물질을 말합니다. 항체는 혈액을 타고 온몸을 순환하거나 비만세포(→P.46)에 달라붙어서 항원이 오기를 기다려요. 항체가 달라붙은 항원을 다른 백혈구가 인식해서 제거된답니다.

기억세포

면역 기억이 있는 B세포, T세포

기억세포는 메모리 세포라고도 하며 면역 기억이 있는 **B세포**(→P.60), **T세포**(→P.54)를 말합니다. 기본적으로 한 번 일한 B세포와 T세포는 1~2주 안에 죽어요. 하지만 일부는 살아남아서 비장(→P.96) 등에 잠복해서 지냅니다. 이 상태를 기억세포라고 해요. 기억세포는 똑같은 이물질이 또 침입했을 때 다시 한 번 활발하게 활동하게 됩니다. 기억세포가 된 B세포, T세포를 각각 메모리 B세포(※1), 메모리 T세포라고 해요. 기억세포가 되면 약 10년, 길게는 80년 정도 살기도 한다고 해요.

기억세포는 1차로 이물질이 침입했을 때의 면역 기억을 토대로 해서 2차 이후에는 더욱 재빠르고 강력하게 기능할 수 있어요. 특히 메모리 B세포는 항체 만들기 속도가 두 배 정도 빨라지고 양도 세 배 정도 늘어납니다. 이것이 '면역이 생겼다'고 하는 말의 정체랍니다.

● B세포의 항체 만들기

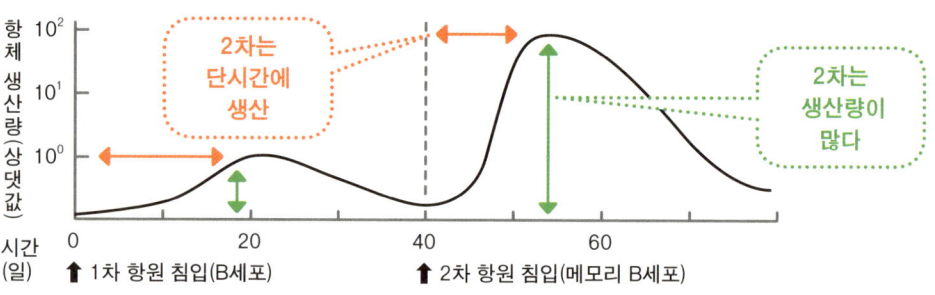

(※1) 기억세포는 메모리 B세포만 가리키는 경우도 있다.

기억세포의 기능

침입한 이물질과 처음 만나서 역할을 끝마친 B세포나 T세포의 일부는 기억세포로 남아서 두 번째 이후의 침입 때 더욱 강력하게 작용해요.

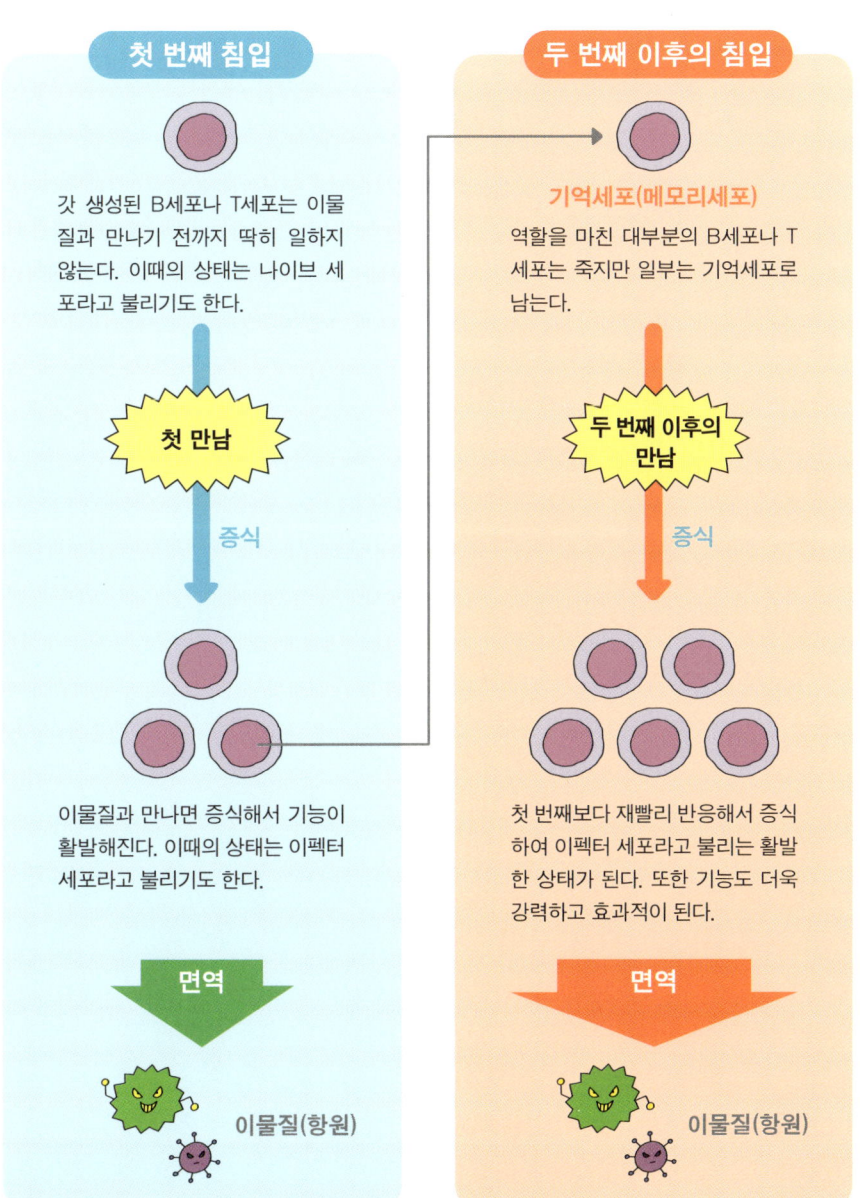

인플루엔자

해마다 유행하는 인플루엔자 예방 접종을 하면 안전하다?

해마다 겨울이 되면 유행해서 화제에 오르는 인플루엔자는 실제로 자신이 걸렸거나 가족, 친구, 주변 사람들이 걸린 경우를 많이 볼 수 있어요. 일반 감기와 달리 고열이 나는 경우가 많으며 중증으로 변화할 수도 있어서 조심해야 해요.

인플루엔자에 안 걸리기 위한 효과적인 수단으로 예방 접종이 있습니다. 인플루엔자가 유행하기 전에 백신을 한 번 주사하면 B세포를 일하게 해서 기억세포로 변화시켜요. 이 백신으로 다음에 인플루엔자 바이러스가 침입했을 때 더욱 효율적으로 항체를 만들 수 있게 해 놓습니다. 이렇게 해서 인플루엔자에 잘 안 걸리거나 걸리더라도 중증이 되지 않는 몸을 만들 수 있어요.

하지만 인플루엔자 바이러스는 한 종류가 아니에요. 크게 나누어 A형과 B형이 있는데 A형만으로도 144종이나 되는 바이러스 유형이 존재합니다. 백신은 그 해에 유행하는 유형을 예측해서 만들어지는데 완벽하게 그 종류의 유형이 유행한다고 할 수는 없어요. 예방 접종으로 안심하지 말고 손 씻기 등의 예방도 확실히 실행합시다!

Part 3
뇌와 신경 세포

뇌와 신경은 뭔가를 생각하거나 정보를 받아서 몸을 움직이는 지시를 내리는 등 온몸을 조절하는 역할을 해요. 그 기능을 담당하는 세포들을 소개하겠습니다.

신경이란?

신경이란 온몸에 망처럼 뻗은 정보 네트워크에요. 눈과 귀 등의 **감각기관**(→P.116)에서 빛이나 소리 등의 정보를 받거나 근육 등의 **운동기관**에 이를 전달하는 등 정보전달 역할을 담당하지요. 신경은 크게 **중추신경**과 **말초신경**으로 나뉘며 중추신경은 다시 **뇌**와 **척수**, 말초신경은 **체성신경**(감각신경과 운동신경)과 **자율신경**으로 나뉩니다.

신경의 기능을 방범 시스템에 비유해 볼까요? 도둑의 침입을 센서가 감지해서 케이블을 통해 컴퓨터에 전달합니다. 컴퓨터는 정보를 처리해서 케이블을 통해 '알람을 울려'라고 지시를 내려요. 이때의 케이블이 말초신경이며 컴퓨터가 중추신경이에요. 센서는 감각기관, 알람은 운동기관에 해당하지요.

이를테면 감각기관인 눈이 강한 빛을 느끼면 그 정보를 얻은 뇌가 '눈부시다'라고 판단해 말초신경을 통해서 눈을 감도록 근육에 명령하는 거예요.

CHECKPOINT

운동기관

뼈나 관절, 근육 등 몸을 움직이거나 지탱하는 조직 및 기관의 총칭이에요. 운동기관은 각각 연계해서 일하며 어느 한 군데라도 문제가 생기면 몸을 잘 움직일 수 없어요. 그래서 걷는 데 어려움을 느끼는 등 운동 기능이 저하된 상태를 '운동기능 저하 증후군(Locomotive Syndrome)'이라고 해요.

정보전달의 구조

온몸에 분포하는 신경은 감각기관에서 정보를 받아 분석하고 적절히 반응하기 위한 지시를 운동기관에 전달하는 기능을 합니다.

외부에서의 자극

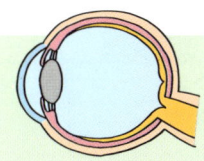

감각기관(눈이나 귀 등)
빛이나 소리, 냄새, 맛 등 여러 가지 자극을 받아서 정보로 전달한다.

말초신경(감각신경)

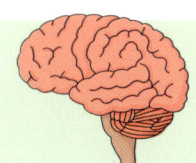

중추신경(뇌와 척수)
감각기관과 운동기관 사이의 연락 및 정보를 분석한다. 신경에 존재하는 뉴런(신경세포)이 정보전달 역할을 한다.

말초신경(운동신경과 자율신경)

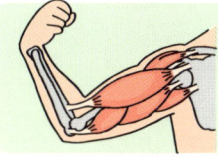

운동기관(근육 등)
받은 지령을 따라 근육을 수축시켜 팔, 다리를 움직이는 등 상황에 적절한 운동을 한다.

반응

 **칼럼 전도로**

전도로는 신경이 정보를 어느 장소에서 다른 장소로 연결하는 정보의 통로를 말해요. 신경로라고 불리기도 하지요. 참고로 감각기관에서 받은 자극이 대뇌를 경유하지 않고 운동기관에 전달되는 것을 '반사(→P.72)'라고 하는데 이 경우의 통로는 반사로라고 불려요.

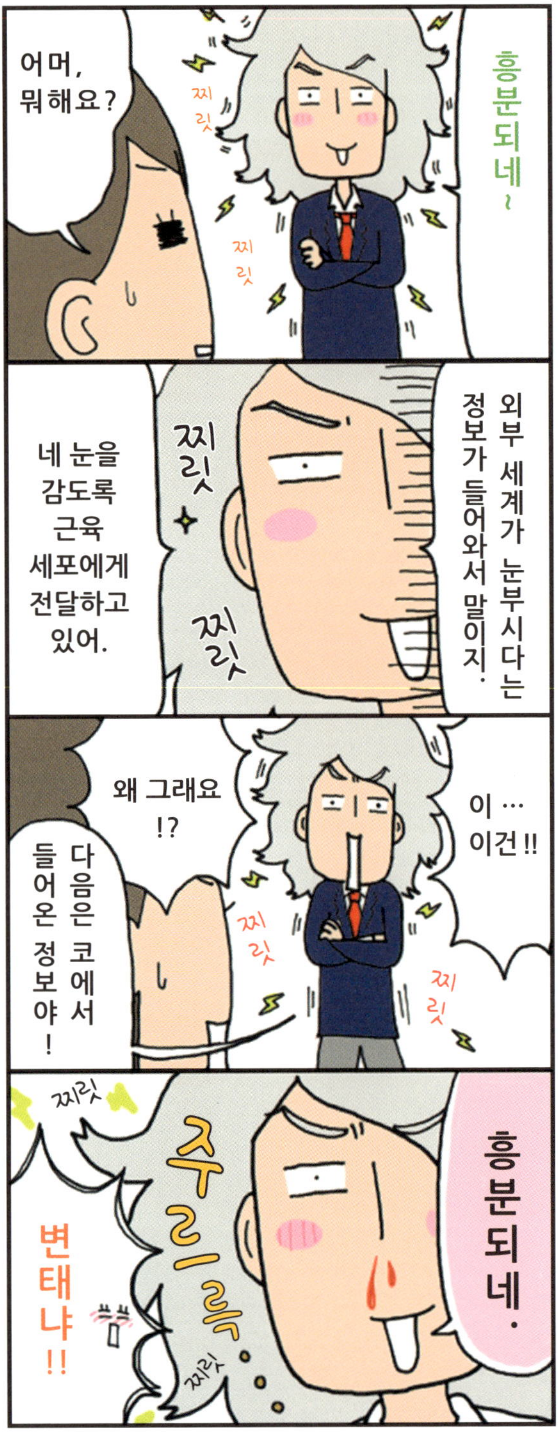

흥분해서 정보를 전달한다

뉴런(※1)은 **신경** 속에 존재하며 눈이나 귀 등으로 들어온 정보를 받아서 처리하고 그 정보를 근육 등에 전달합니다. 또한 전기신호라는 형태로 뉴런 속에 정보가 전해지는 것을 **흥분**이라고 해요.

뉴런 속은 전기를 띠며 보통 전기적으로 마이너스 상태가 됩니다. 여기에 **감각기관**(→P.116) 등에서 자극이 전달되면 아주 잠깐 세포 밖의 플러스 전기가 속으로 흘러들어 마이너스 전기가 일시적으로 플러스로 바뀌는데 이것이 흥분이에요. 이 흥분이 뉴런 안에서 계속 일하며 전해져(**전도** →P.71) 다른 뉴런, 또는 근육 등의 **운동기관**(→P.66)으로 전달됩니다(**전달** →P.70). 이처럼 뉴런은 흥분해서 정보를 전달하는 세포에요.

뉴런은 형태나 구조도 특징적이랍니다. 중심부는 **세포체**라고 하는데 그곳에서 나온 부수수한 머리카락 같은 부분을 **수상돌기**, 세포체에서 뻗은 길쭉한 부분을 **축삭**, 축삭 끝에서 다음 세포로 전달하는 부분을 **시냅스**라고 해요. 뉴런은 수상돌기로 정보를 받고 정보는 전기신호로 축삭을 통해 시냅스에서 신경전달물질(※2 →P.70)을 분비해 다음 세포에 흥분을 전달합니다.

CHECKPOINT

흥분 속도

흥분은 먼저 정보의 입구인 수상돌기와 세포체에서 일어난 뒤 축삭 → 시냅스를 통해 신경전달물질을 방출해요. 다음 뉴런이 그 신경전달물질을 받아서 정보는 전해지지만 여기까지 걸리는 시간은 무려 100분의 1초 이하랍니다. 또한 흥분이 일어났다 가라앉기까지 걸리는 시간은 약 1000분의 1초로 뉴런의 활동은 매우 신속해요!

(※1) 신경세포라고도 하는데 일본에서는 신경세포라고 하면 세포체(→P.70)만 지칭하기도 한다.
(※2) 글루탐산이나 노르아드레날린, 도파민 등

뉴런의 구조

뉴런의 구조는 조금 특수해요. 세포체, 수상돌기 축삭으로 이루어졌으며 다른 뉴런이나 운동기관에 정보를 전달하는 부분을 시냅스라고 합니다.

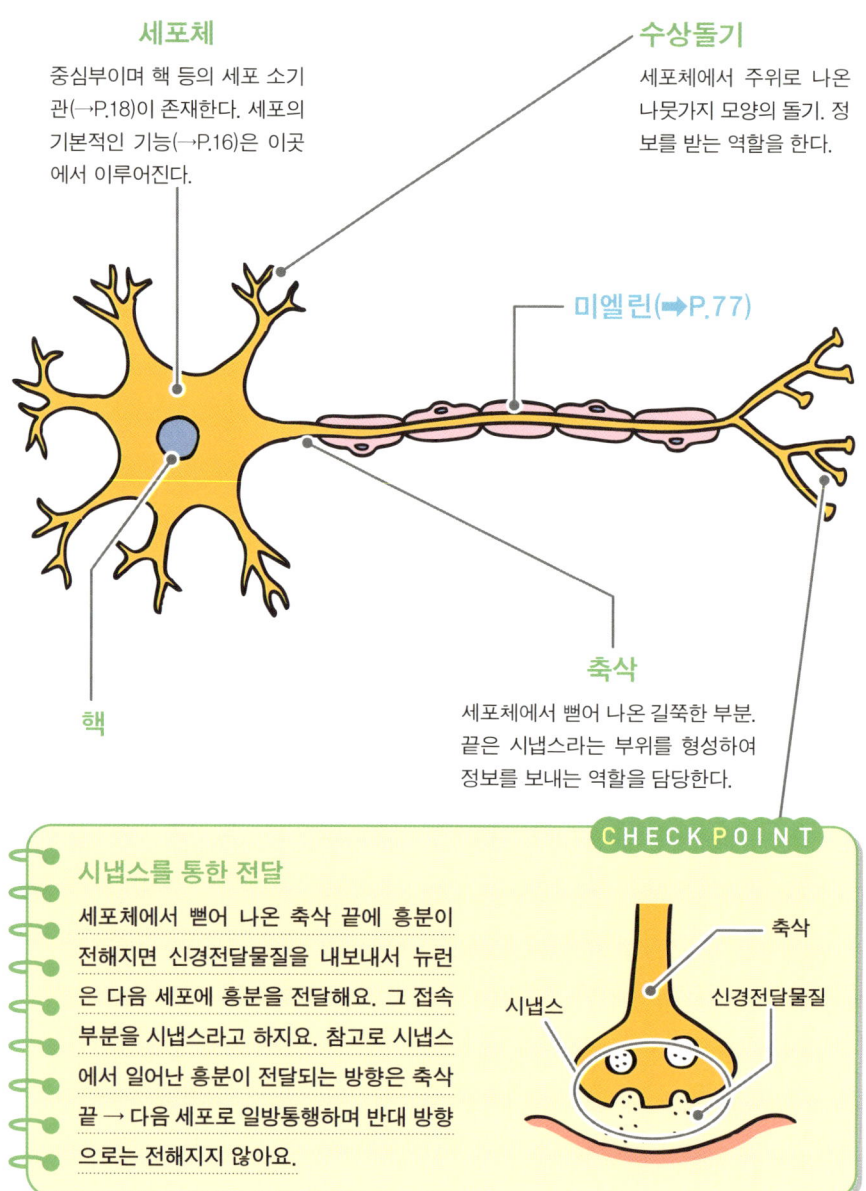

세포체
중심부이며 핵 등의 세포 소기관(→P.18)이 존재한다. 세포의 기본적인 기능(→P.16)은 이곳에서 이루어진다.

수상돌기
세포체에서 주위로 나온 나뭇가지 모양의 돌기. 정보를 받는 역할을 한다.

미엘린(➡P.77)

핵

축삭
세포체에서 뻗어 나온 길쭉한 부분. 끝은 시냅스라는 부위를 형성하여 정보를 보내는 역할을 담당한다.

CHECKPOINT

시냅스를 통한 전달

세포체에서 뻗어 나온 축삭 끝에 흥분이 전해지면 신경전달물질을 내보내서 뉴런은 다음 세포에 흥분을 전달해요. 그 접속 부분을 시냅스라고 하지요. 참고로 시냅스에서 일어난 흥분이 전달되는 방향은 축삭 끝 → 다음 세포로 일방통행하며 반대 방향으로는 전해지지 않아요.

축삭 / 시냅스 / 신경전달물질

흥분의 전도

뉴런은 정보를 받으면 흥분하며 흥분은 전기신호로 축삭을 전도합니다.
전도란 전기신호가 뉴런 속을 따라 가는 것을 말해요.

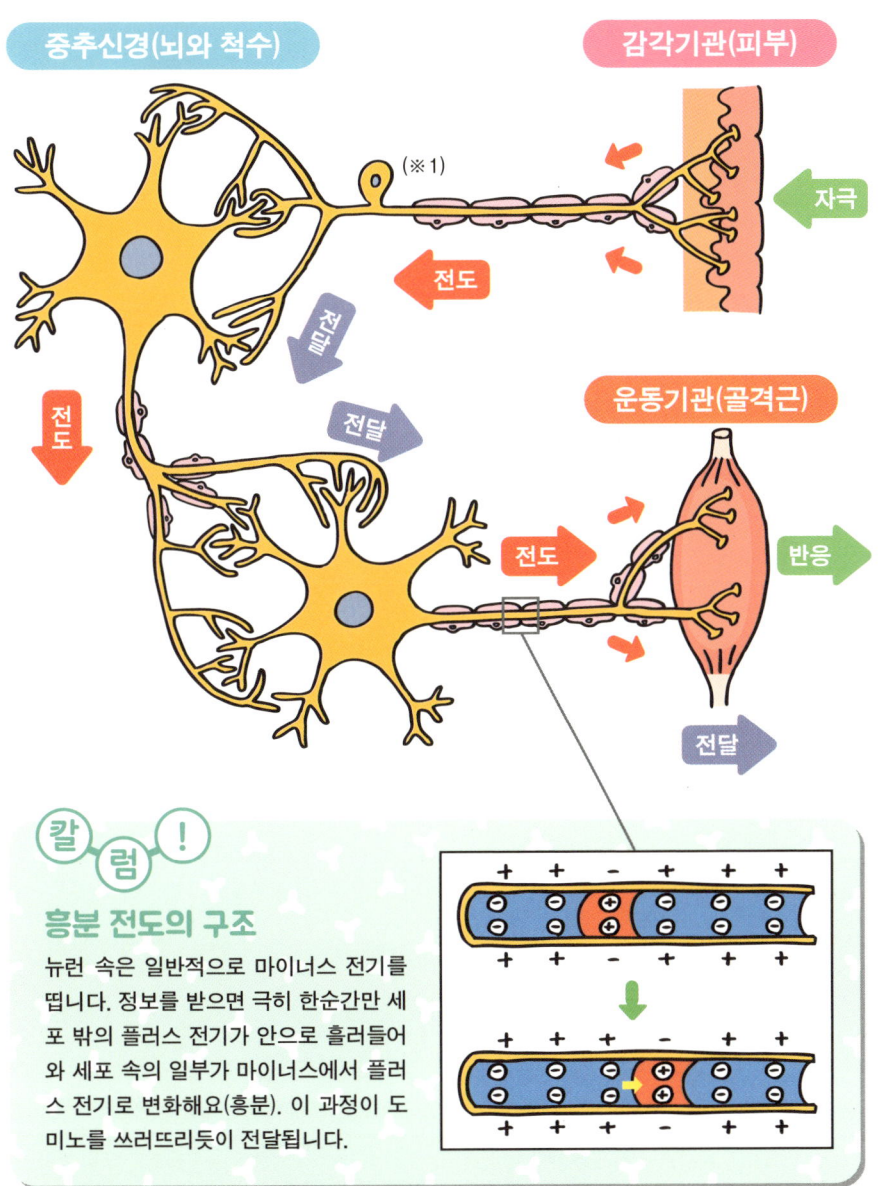

흥분 전도의 구조

뉴런 속은 일반적으로 마이너스 전기를 띕니다. 정보를 받으면 극히 한순간만 세포 밖의 플러스 전기가 안으로 흘러들어와 세포 속의 일부가 마이너스에서 플러스 전기로 변화해요(흥분). 이 과정이 도미노를 쓰러뜨리듯이 전달됩니다.

(※1) 감각신경(감각 뉴런)은 수상돌기가 없어 축삭에서 직접 정보를 받는다.

뇌란?

뇌라고 하면 뭔가를 생각하거나 기억하는 기관이라고 보는 사람이 있을지도 모릅니다. 물론 그 역할도 중요하지만 그뿐만이 아니에요. 뇌는 여러 부분으로 나뉘는데 저마다 손발이나 내장 등 신체 각 부분의 기능을 조절하는 역할도 담당해요. 그야말로 뇌는 몸 전체를 통제하는 총감독과 같은 존재랍니다. 참고로 **소뇌**의 경우 이름만 작다는 뜻일 뿐이에요. 크기로는 뇌 중에서 두 번째이며 중뇌보다 더 큽니다.

뇌 속에는 방대한 정보를 처리하기 위해서 무려 1천억 개가 넘는 **뉴런**(→P.68)이 모여 있어요. 하지만 뉴런의 기능을 돕는 **글리아세포**(→P.74)라고 불리는 세포들이 뉴런의 수를 훨씬 능가합니다.

또한 뇌의 아랫부분에서 그대로 이어지는 굵은 끈 모양의 기관을 **척수**라고 해요. 뇌와 함께 중추신경으로 분류되는 신경조직이며 정보를 전달하는 통로 기능이 있어요.

반사

반사란 감각기관으로 들어온 정보가 대뇌를 제외한 중추신경에서 처리되어 무의식적으로 운동기관에 반응이 나타나는 현상을 말해요. 밝은 곳에서 어두운 곳으로 이동했을 때 동공이 커지는 현상이나 뜨거운 것에 손을 댔을 때 자신도 모르게 재빨리 손을 빼는 현상 등을 예로 들 수 있습니다.

뇌의 구조와 기능

뇌는 대뇌, 간뇌, 소뇌, 뇌간(뇌줄기)(※1)으로 이루어졌으며 각각 다른 기능을 해요. 뇌간에는 중간뇌(중뇌), 다리뇌(교뇌), 숨뇌(연수)가 포함됩니다.

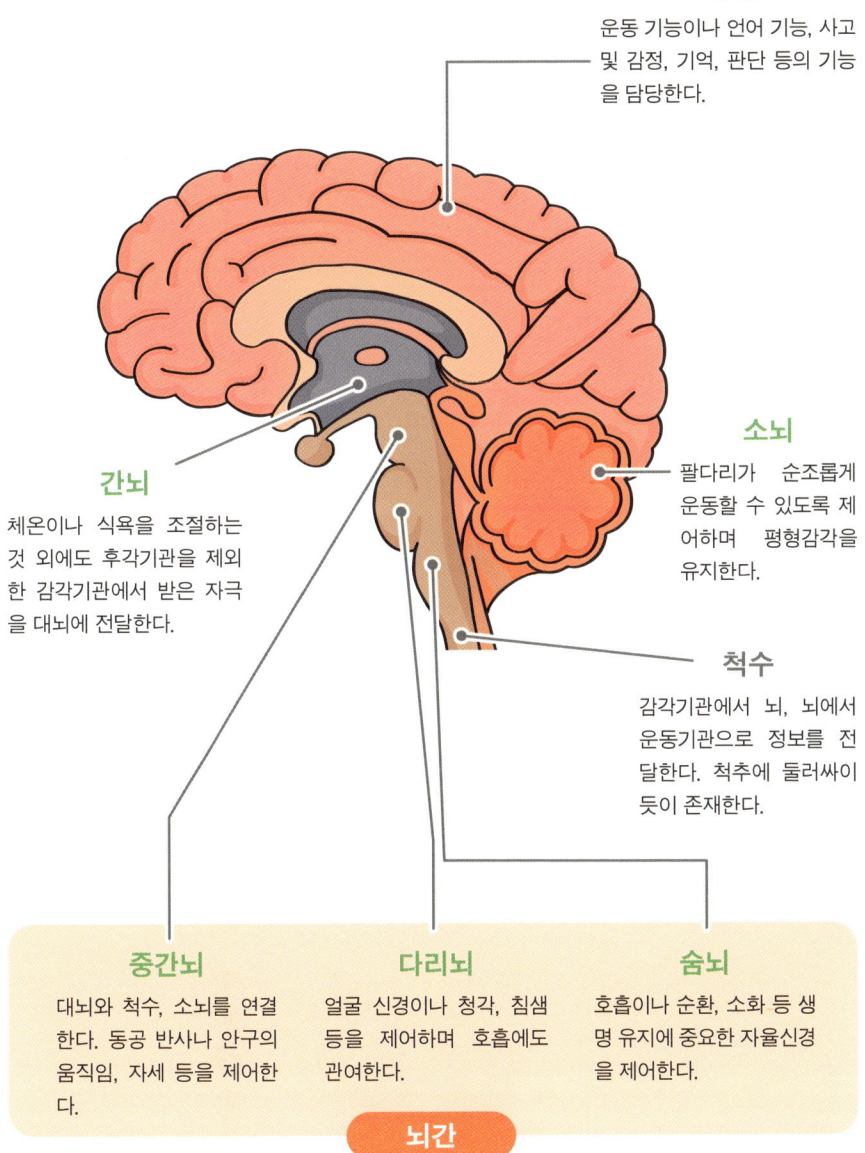

대뇌
운동 기능이나 언어 기능, 사고 및 감정, 기억, 판단 등의 기능을 담당한다.

소뇌
팔다리가 순조롭게 운동할 수 있도록 제어하며 평형감각을 유지한다.

간뇌
체온이나 식욕을 조절하는 것 외에도 후각기관을 제외한 감각기관에서 받은 자극을 대뇌에 전달한다.

척수
감각기관에서 뇌, 뇌에서 운동기관으로 정보를 전달한다. 척추에 둘러싸이듯이 존재한다.

뇌간

중간뇌
대뇌와 척수, 소뇌를 연결한다. 동공 반사나 안구의 움직임, 자세 등을 제어한다.

다리뇌
얼굴 신경이나 청각, 침샘 등을 제어하며 호흡에도 관여한다.

숨뇌
호흡이나 순환, 소화 등 생명 유지에 중요한 자율신경을 제어한다.

(※1) 간뇌는 뇌간에 포함하는 경우도 있다.

뉴런의 측근 세 자매

글리아 세포

①
미세 아교 세포
(마이크로글리아)

뉴런이 손상됐을 때 복구하며 신경회로를 다시 만들 때에도 한몫한다.

②
별 아교 세포
(아스트로사이트)

굵고 짧은 돌기가 있는 별 모양을 띤다. 뉴런에 영양소를 공급하며 유해물질을 제거한다.

뉴런의 도우미

글리아세포는 **뉴런**(→P.68)을 도와주는 세포입니다.

뉴런은 정보를 전달하는 중요한 역할을 맡고 있지만 절대로 혼자서는 살아갈 수 없어요. 글리아세포라는 우수한 도우미들을 통해서 겨우 활동할 수 있답니다. 지원하는 폭이 매우 넓어서 영양소를 공급하거나 상처 난 몸을 복구하기도 해요.

그 증거로 인간의 **뇌**(→P.72) 속에는 뉴런이 약 1천억 개나 있다고 하는데 글리아세포는 그 10배에 해당하는 약 1조 개나 존재합니다. 뉴런 한 개는 평균적으로 약 10개의 글리아세포가 도와준다는 뜻이지요.

❸ 희소 돌기 아교 세포 (올리고덴드로사이트)

축삭에 휘감겨 미엘린이라는 물질을 만든다. 별 아교 세포와 비교해서 돌기가 적은 형태를 띤다.

글리아세포라는 명칭은 여러 종류의 세포를 총칭하며 형태나 기능도 다 달라요. 대표적인 세포로는 **미세 아교 세포**, **별 아교 세포**, **희소 돌기 아교 세포** 등이 있어요. 각각 자신의 특기 분야에서 뉴런을 도와준답니다.

글리아세포 ❶ 뉴런의 '전속 의사'
미세 아교 세포

소교세포라고 불리기도 하는 **미세 아교 세포**는 **뉴런**(→P.68)의 상태를 늘 파악하며 이상이 생기면 그 즉시 복구하는 전속 의사 같은 역할을 담당하는 글리아세포에요. 길쭉한 돌기가 많은데 마치 청진기처럼 그 돌기를 뉴런에 뻗어서 이상이 없는지 살핍니다. 게다가 검사 방법이 정말로 신중해요! 이상이 없을 때라도 한 시간 간격으로 5분 동안, 이상이 보일 때는 그 이상으로 확인해 준답니다.

또한 미세 아교 세포에는 **마크로파지**(→P.48)처럼 이물질을 죽이거나 죽은 세포를 먹어치우는 기능도 있다고 해요.

글리아세포 ❷ 뉴런의 '하인'
별 아교 세포

별 아교 세포는 **글리아세포** 중에서 가장 수가 많아요. **성상교세포**라고도 하며 영어로 아스트로사이트(astrocyte)라고 하는데 '아스트로'는 '별의', '천체의'라는 뜻이에요. 발견 당시 별 모양으로 보였기 때문에 이런 이름이 붙었지요. 하지만 실제로는 스펀지처럼 복잡한 돌기가 갈라져 나온 형태에요.

별 아교 세포는 영양소를 공급하거나 불필요한 물질을 청소하는 등 뉴런을 보살핍니다. 또한 정보의 전도, 전달을 원활하게 하는 뉴런의 일을 도와주기까지 해요. 신변을 돌봐줄 뿐만 아니라 일도 도와주는 참으로 우수한 존재랍니다!

글리아세포 ❸ 뉴런의 '가속 장치'
희소 돌기 아교 세포

희소 돌기 아교세포는 주로 뉴런의 **축삭**에 휘감겨서 **미엘린**을 만들어 내는 역할을 합니다. 미엘린이란 뉴런을 보호하는 역할과 정보 전도 속도를 올리는 기능이 있는 덮개 같은 존재에요.

미엘린은 조금씩 틈을 벌리며 정보가 흐르는 통로인 축삭에 휘감겨요. 휘감긴 부분에는 전기신호가 흐르지 않고 그 외의 부분만 전기가 건너뛰듯이 흘러가기 때문에 정보 전도가 빨라지지요. 희소 돌기 아교 세포는 뉴런에 착 달라붙어 그 몸을 보호하며 '가속 장치' 역할도 한답니다.

뇌의 대표적인 세포

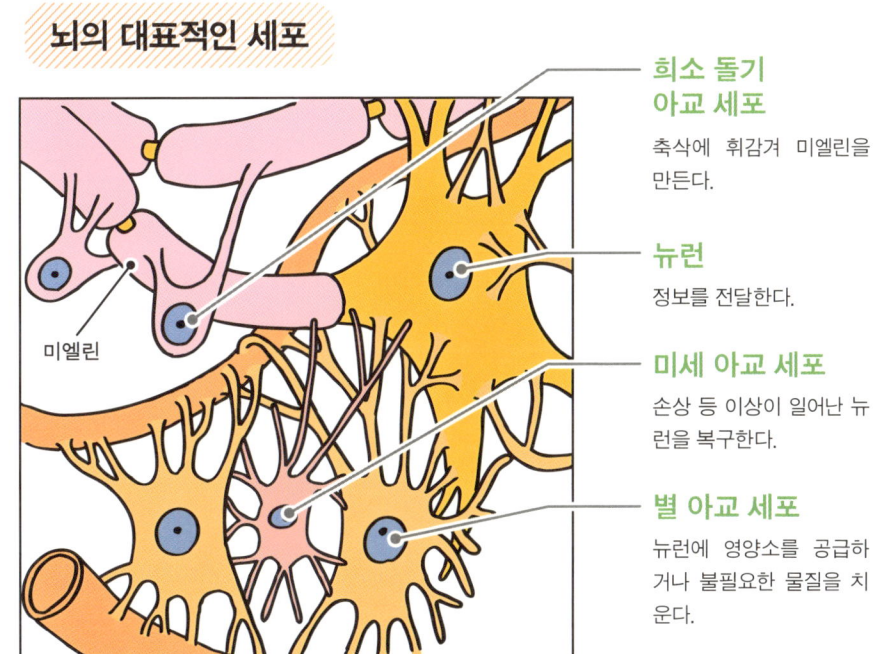

희소 돌기 아교 세포
축삭에 휘감겨 미엘린을 만든다.

뉴런
정보를 전달한다.

미세 아교 세포
손상 등 이상이 일어난 뉴런을 복구한다.

별 아교 세포
뉴런에 영양소를 공급하거나 불필요한 물질을 치운다.

코카인

절대로 안 돼!
인간을 파멸에 이르게 하는 무서운 마약

마약의 대표격인 코카인은 일단 손을 대면 끊지 못해서 사용량도 서서히 늘어납니다. 몸과 마음에 심한 피해를 입혀서 호흡 곤란, 심장 발작, 뇌졸중 등을 일으킬 수도 있어요. 또 벌레가 몸속을 기어 다니는 듯한 감각에 사로잡히기도 하지요. 몸도 마음도 망가지고 말아요.

코카인이 체내에 들어오면 뉴런을 연결하는 시냅스를 자극해서 신경을 흥분하게 하는 도파민 등의 신경전달물질을 대량으로 분비시킵니다. 이로 인해 신경이 흥분 상태에 빠지기 때문에 감정이 고조되어 쾌감을 얻거나 잠과 피로감이 사라지기도 해요.

일반적으로 흥분 상태가 된 후에는 기분을 진정시키는 물질이 분비되어 심신의 균형을 유지하는데 코카인을 흡입하면 도파민이 계속 나오는 탓에 비정상적인 흥분 상태가 지속돼요. 그래서 편히 쉬지 못하는 등 육체에 악영향을 미칠 뿐만 아니라 피해망상을 일으키는 등 정신적으로도 이상을 보입니다.

하지만 코카인은 점막 마취에 효과가 있기 때문에 의료 현장에서 국소마취약으로 이용되기도 해요.

Part 4

뼈와 근육 세포

뼈와 근육은 몸을 지탱하거나 움직이는 등 인간의 활동에서 반드시 필요한 존재에요. 종류는 적지만 그만큼 개성적인 역할을 하는 세포들이 있답니다.

뼈는 태어날 때 300개가 넘지만 성장과 함께 달라붙어서 성인이 되면 200개 정도가 됩니다. 그 뼈들이 서로 이어져서 몸을 지탱해요. 또 뼈는 몸을 지탱하는 역할 외에도 다음의 중요한 세 가지 기능을 합니다.

첫 번째는 장기를 지키는 기능이에요. 머리뼈는 **뇌**(→P.72), 갈비뼈는 심장과 폐 등, 골반은 **생식기**(→P.104) 등 장기를 에워싸듯이 존재하여 외부에서 오는 충격으로부터 지킵니다.

두 번째는 칼슘을 축적하는 기능이에요. 뼈는 체내 칼슘의 97퍼센트를 저장해서 날마다 넣고 꺼냅니다. 칼슘은 뼈를 튼튼하게 하거나 혈관을 건강하게 유지하는 역할을 맡고 있지요.

세 번째는 혈액을 만드는 기능이에요. 뼈 속에 있는 골수라는 장소에서 **조혈모세포**(→P.28)가 **적혈구**와 **혈소판**, **백혈구** 등 **혈구**(→P.26)를 만듭니다.

CHECKPOINT

뼈의 종류

뼈는 모양에 따라 주로 네 종류로 나눌 수 있어요. 뼈라고 하면 많은 사람들이 81쪽의 그림과 같은 뼈를 연상할 거예요. 이 뼈는 '장골'이라고 하는데 넙다리뼈처럼 세로로 길어서 팔다리에서 많이 볼 수 있습니다. 그밖에도 손바닥이나 발뒤꿈치 등을 구성하는 '짧은뼈', 어깨뼈나 머리뼈에서 볼 수 있는 판 모양의 '납작뼈', 척추(등뼈)나 턱뼈 등 불규칙한 모양을 한 '불규칙뼈'가 있어요.

뼈의 구조

골질이나 골수가 있는 뼈의 가운데 부분을 뼈몸통, 연골이 있는 뼈의 양끝을 뼈끝이라고 해요. 또한 뼈 전체를 뼈막이 덮고 있어요.

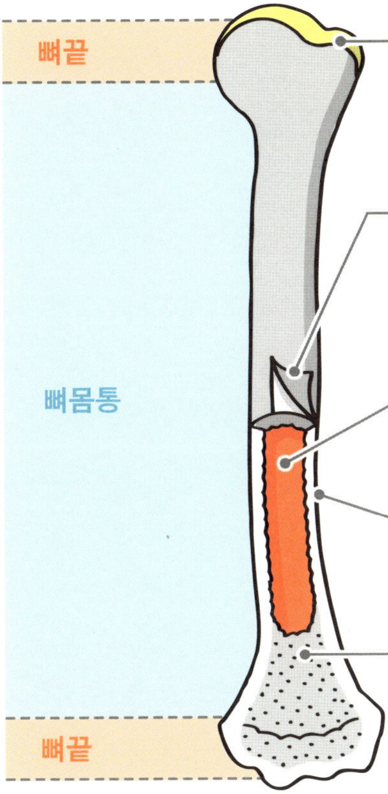

연골
관절을 덮고 있다. 탄력성이 있어서 뼈의 쿠션 역할을 한다.

뼈막
뼈를 감싸는 막. 뼈를 보호할 뿐만 아니라 뼈의 발육, 재생과도 관계가 있다.

골수
혈액이 만들어지는 장소. 혈액이 풍부하므로 보통은 붉다.

치밀질
뼈의 강도를 담당하는 부분으로 뼈세포가 숨어 있다. 매우 딱딱하다.

해면질
뼈세포가 비교적 적다. 스펀지처럼 부드럽고 구멍이 많아서 가볍다.

(치밀질 + 해면질 = 골질)

칼럼! 관절
관절이란 뼈와 뼈의 이음매에 해당하는 부분을 말해요. 관절이 있기 때문에 인간은 몸을 구부리거나 쭉 펼 수 있답니다. 또한 관절을 구성하는 조직을 인대라고 하며 이 인대로 뼈와 뼈가 떨어지지 않도록 연결되어 있어요.

뼈 건축의 3대 거장!
뼈세포

① 골아세포

뼈를 만드는 일을 한다. 파골세포가 파괴한 뼈를 재생하는 역할을 담당하는 뼈의 토대가 되는 존재.

② 파골세포

오래된 뼈를 산이나 효소를 사용해 녹여서 일시적으로 파괴한다. 파괴한 뼈는 골아세포가 다시 만든다.

뼈를 파괴하고 만들며 보호한다

인간의 몸속에서는 날마다 오래된 뼈가 새로운 뼈로 다시 만들어지고 있어요. 끊임없이 '파괴'하고 '만들기'를 반복해서 그 균형으로 건강한 상태를 유지합니다.

그때 **골아세포**와 **파골세포**가 중요한 역할을 담당해요. 골아세포는 늘 새로운 뼈를 계속 만듭니다. 파골세포는 오래되고 물러진 뼈를 계속 파괴하지요. 온몸의 뼈는 약 3년 안에 완전히 새로운 뼈로 다시 만들어진다고 해요.

한편 **연골세포**는 콜라겐과 같은 단백질을 분비해서 연골을 만들어 뼈를 지키는 일을 합니다.

③ 연골세포

콜라겐이나 프로테오글리칸 등의 단백질을 분비하여 뼈를 지키는 연골을 만드는 일을 한다.

뼈 성분의 약 3분의 2는 무기질인데 그 주요 성분은 칼슘이에요. 나머지 3분의 1은 콜라겐이 중심이지요. 콜라겐이 뼈에 탄력을 공급해서 뼈를 충격이나 손상으로부터 보호해요. 단단함과 부드러움을 겸비해서 한층 더 튼튼한 뼈가 된답니다.

[만화 내용]

1컷: 오래된 뼈는 부순다. / 어우~ 이 뼈 너무 오래됐어. / 지겨워 / 쏴아

2컷: 새로운 뼈가 만들어져. / 작은일부터 차근차근 순서대로 작업! / 콩 콩

3컷: 그리고 연골이 뼈를 지키지. / 중요한 건 탄력이야~ / 치덕치덕

4컷: 그들이 네 뼈를 담당하고 있으니 사이좋게 지내. / 짠 / 안 / 힘

뼈세포 ❶ 열심히 일하는 '뼈 목수'
골아세포

골아세포는 다쳐서 손상되거나 **파골세포**가 파괴된 뼈를 새로 만들어 내는 '뼈 목수' 역할을 담당해요. 골아세포가 어떻게 뼈를 만드는지 자세히 살펴볼까요?

먼저 골아세포는 뼈가 부서진 부분에 뼈의 토대가 되는 **콜라겐**을 분비해요. 이는 건물로 치면 기둥에 해당합니다. 그런 다음 그 장소에 **아파타이트**라는 풀과 같은 물질을 발라요. 그러면 그 부분에 혈액을 타고 운반된 칼슘이 달라붙어서 새로운 뼈가 생기지요. 튼튼한 몸을 만들려면 우유나 생선 등 칼슘을 많이 함유한 음식을 충분히 먹어야 한다고 하는 이유는 뼈 만들기가 이런 식으로 이뤄지기 때문이에요.

또한 골아세포의 일부는 열심히 뼈를 만들면서 자신이 만든 뼈에 파묻힙니다. 곧 뼈의 일부가 되어 뼈를 유지하고 보수하는 일을 해요.

> **CHECKPOINT**
>
> **콜라겐**
> 뼈나 연골 외에도 인대와 힘줄 등을 구성하는 단백질 중 하나입니다. 인간의 몸속에 있는 콜라겐의 총량은 모든 단백질의 약 30퍼센트를 차지할 정도로 많아요. 또한 일상생활에서도 다양한 형태로 이용되는데 미용 목적의 의약품이 되거나 젤라틴으로 과자 재료 등에 쓰이기도 해요.

뼈세포 ❷ 녹여서 파괴하는 '해체업자'
파골세포

튼튼한 몸을 유지하려면 오래되고 물러진 뼈는 한 번 파괴해서 새로 만들어야 해요. 이처럼 **파골세포**는 뼈를 파괴하는 '해체업자' 역할을 합니다.

하지만 파괴한다고 해도 두들기거나 갉아서 파괴하는 것이 아니에요. 파골세포는 산이나 특수한 효소를 사용해 뼈를 녹인답니다. 성인 남성의 경우 1년에 전체의 5~10퍼센트에 해당하는 뼈가 녹는다고 해요.

녹은 뼈는 혈액에 들어가 새로운 뼈의 재료가 되거나 몸이 필요로 하는 칼슘원이 됩니다. 확실히 재활용되고 있어요.

뼈세포 ❸ 뼈를 보호하는 [페인트공]
연골세포

연골은 뼈끝 부분을 덮어서 뼈를 지키는 완충재 역할을 담당합니다. **연골세포**는 페인트를 치덕치덕 바르듯이 그 연골을 만드는 '페인트공'으로서 중요한 일을 해요.

연골의 약 80퍼센트는 수분이며 나머지 약 20퍼센트는 **연골 기질**이라고 불리는데 **콜라겐**이나 **프로테오글리칸**이라는 단백질로 이루어져 있어요. 연골세포는 이 단백질을 분비해서 연골 만들기를 맡고 있지요.

연골세포가 하는 일은 그뿐만이 아니에요. 때때로 연골에 단백질을 계속 공급해 연골을 유지하는 일도 해요.

근육이란?

근육은 몸무게의 약 40퍼센트를 차지해요. 인간의 몸에는 약 600개가 넘는 근육이 존재합니다. 근육은 팔다리 등을 움직일 뿐만 아니라 심장이나 위 등 내장도 움직여서 그 기능을 돕는 것도 중요한 역할이에요.

인간은 근육을 수축하고 이완해서 몸을 움직입니다. 예를 들면 팔을 구부릴 때는 위팔 상부에 붙은 근육을 수축시켜 팔꿈치 끝에 붙은 뼈를 끌어당겨서 구부려요. 고무줄을 늘이면 가늘어지고 줄이면 굵어지듯이 근육도 수축시킨 만큼 두꺼워집니다. 그렇게 해서 이른바 알통이라고 불리는 것이 생기는 거예요.

근육은 길쭉한 **근섬유속**이 모여서 이루어져요. 그 근섬유속도 **근섬유**라고 하는 세포가 모인 덩어리에요. 근육은 크게 **골격근**, **심근**, **평활근**의 3종류로 나눌 수 있는데 각 근섬유를 **골격근세포**, **심근세포**, **평활근세포**라고 합니다. 또 이 근섬유는 **근원섬유**라고 하는 세포 소기관(→P.18)으로 이루어져 있어요.

힘줄

힘줄이란 골격근 양 끝에 존재하며 근육을 뼈에 붙이는 역할을 하는 강력한 섬유다발이에요. 대표적인 힘줄로 아킬레스건이 있는데 인체에서 가장 큽니다. 힘줄의 모양은 근육의 종류에 따라 달라요. 힘줄은 매우 튼튼해서 끊어지는 일이 적지만 뼈와 달라붙은 부분은 벗겨질 때도 종종 있어요.

근육(골격근)의 구조

근육은 근섬유속의 집합이며 근섬유속은 근섬유의 집합이에요.
골격근은 뼈가 만든 관절에 힘을 작용하게 합니다.

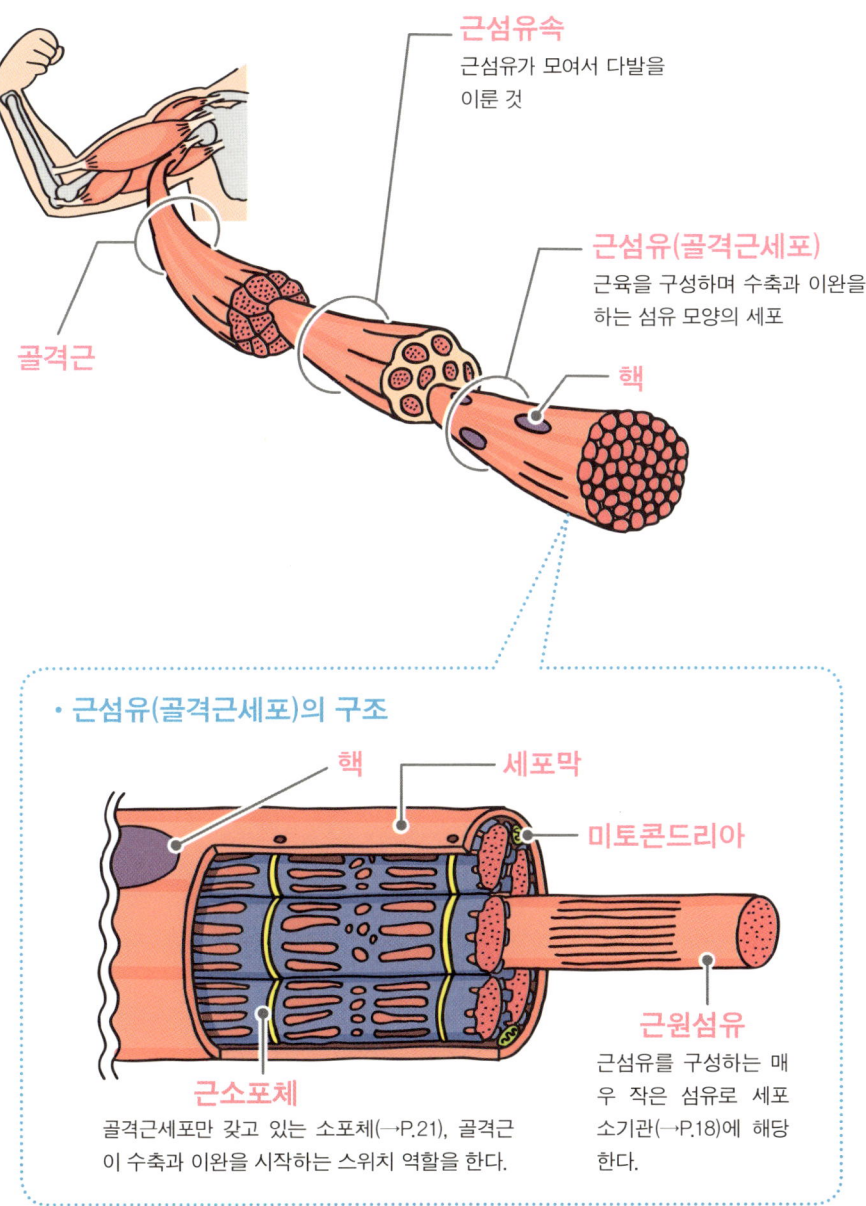

근섬유속
근섬유가 모여서 다발을 이룬 것

근섬유(골격근세포)
근육을 구성하며 수축과 이완을 하는 섬유 모양의 세포

핵

골격근

・**근섬유(골격근세포)의 구조**

핵 **세포막** **미토콘드리아**

근원섬유
근섬유를 구성하는 매우 작은 섬유로 세포 소기관(→P.18)에 해당한다.

근소포체
골격근세포만 갖고 있는 소포체(→P.21), 골격근이 수축과 이완을 시작하는 스위치 역할을 한다.

근육 3인방!

근육 세포

① 골격근세포

운동신경으로부터 지령을 받아 골격근을 움직인다. 수많은 핵이 있어서 거대하며 근력 운동으로 커진다.

② 심근세포

심장을 도와주며 태어나서 죽을 때까지 생명이 있는 한 계속 움직인다. 그래서 대량의 에너지를 소비한다.

근육은 크게 나눠서 세 종류

근육에는 **골격근**, **심근**, **평활근**이 있으며 각각 다른 세포로 구성되어 있어요.

골격근은 골격에 달라붙어서 팔다리 등 몸을 움직이는 근육이에요. 그 골격근에 **골격근세포**가 존재하지요. 중추신경에서 내린 지령을 받아서 팔이나 다리 외에도 목과 손가락 등을 움직이는 일을 해요.

심근은 심장 벽을 만들고 움직이는데 그곳에 **심근세포**가 존재해요. 태어나서 죽을 때까지 늘 끊임없이 움직이는 심장의 일을 도와줍니다.

평활근은 내장을 구성하며 **평활근세포**로 이루어져 있어요. 소화 기능을 돕는 등 내장 기능을 담당해요.

참고로 팔이나 다리 등은 자신의 의지로 움직일 수 있지만 내장은 마음

❸ 평활근세포

자율신경으로부터 지령을 받아서 느긋하게 일하며 내장이나 혈관을 움직이는 역할을 한다.

대로 멈추거나 움직일 수 없잖아요? 이렇듯 자신의 의지로 움직일 수 있는 근육을 **맘대로근(수의근)**, 반대로 자신의 의지로는 움직일 수 없는 근육을 **제대로근(불수의근)**이라고 해요. 골격근만 맘대로근이며 나머지 심근, 평활근은 제대로근입니다.

근육 세포 ① 뼈에 붙는 '근육 만들기 부대'
골격근세포

골격근세포는 뼈에 달라붙는 형태로 골격근에 존재하며 근육을 만들거나 움직입니다. 세포 하나인데 성인 남성의 경우 10센티미터가 넘을 정도로 길어요. 또한 세포 하나에 5~20개로 많은 **핵**(→P.19)을 갖고 있는 것도 특징이에요.

골격근세포에는 하얗게 보이는 **백근**과 붉게 보이는 **적근**이 있어요. 백근은 순간적으로 큰 힘을 잘 내지만 쉽게 지쳐요. 이를테면 단거리 육상선수 유형이지요. 이와 반대로 적근은 장거리 육상선수 유형으로 힘은 약하지만 장시간 계속 움직일 수 있어서 쉽게 지치지 않아요.

근육 세포 ② 리듬을 새기는 '비트 메이커'
심근세포

심근세포는 심장 벽을 만들어서 심장을 돕는 심근 기능을 담당합니다. 많은 양의 에너지를 소비하는 탓에 매우 많은 **미토콘드리아**를 보유하는 게 특징이에요. 알파벳 X나 Y와 같은 모양으로 갈라져서 세포끼리 망처럼 이어져 있지요.

심근세포에는 조금 특수한 **페이스메이커 세포**라고 불리는 것이 있습니다. 우심방(→P.33)에만 있으며 지령이 없어도 제멋대로 박동을 일으키는 '비트 메이커'에요. 심장의 '두근거림'을 만들어내는 일을 한답니다.

근육 세포 ③ 마이페이스인 '자유근'
평활근세포

심장을 제외한 내장의 벽을 만드는 **평활근세포**는 자신의 의지로 움직이지 못해요. 하지만 건강한 몸을 유지하기 위해서 늘 쉬지 않고 일합니다. 예를 들면 위에서 소화된 음식물을 움직여서 장으로 운반하고 변으로 배출시키도록 촉진하는 역할도 해요. 내장 기능에는 평활근이 반드시 필요합니다. 매우 천천히 움직이는 것도 특징 중 하나에요.

평활근세포는 한가운데가 두껍고 양끝으로 갈수록 가늘어지는 타원 모양을 띱니다. 내장 근육이라고 하면 생각하기 어려울 수 있지만 예를 들어 안창살 구이나 곱창, 조개 관자도 평활근의 일종이에요.

근육의 종류

근육의 종류에 따라 그곳에 존재하는 세포의 종류도 다르고 특징도 다양해요.

근육의 종류		역할	특징
골격근	맘대로근	골격을 만들거나 움직인다	가로무늬가 있고 골격근세포로 이루어져 있다. 수축은 빠르고 힘도 세지만 쉽게 지친다.
심근	제대로근	심장 벽을 만든다	가로무늬가 있고 심근세포로 이루어져 있다. 수축(박동)을 반복해도 피로도가 적다.
평활근		내장 벽을 만든다	평활근세포로 이루어져 있다. 수축이 느리고 힘은 약하지만 쉽게 지치지 않는다.

근육통

근육통은 강해지기 위해서 필요한 시련이다!

격렬한 운동을 한 후에 찾아오는 근육 통증…. 근육통은 반드시 누구나 경험한 적이 있을 거예요. 그런 근육통은 정식으로 '지발성근통'이라고 합니다.

격렬한 운동을 하면 골격근세포에 미세한 상처가 생겨요. 그러면 그 상처를 낫게 하려고 백혈구가 모여드는데 그때 프로스타글란딘 등 지각신경을 자극하는 물질이 만들어져서 통증을 느끼는 거예요. 근육이 아픈 것은 회복되고 있다는 증거입니다. 또한 근육통에서 회복되면 상처 입은 골격근세포는 전보다 조금 두껍고 튼튼해져요. 즉 정기적으로 근육이 조금 아픈 정도로 운동하면 근육이 조금씩 단련된다는 뜻이에요.

근육통이 일어나는 의외의 원인 중 하나로 수분 부족을 들수 있어요. 운동으로 땀을 흘린 만큼 수분을 잃어서 혈류가 악화됩니다. 그러면 운동으로 부하가 걸린 부분의 근육이 뭉친 것처럼 딱딱해져서 통증을 느껴요. 따라서 근육통 예방으로 수분을 보충하는 방법을 추천합니다. 한 번에 많은 양을 마시기보다 컵 한 잔(200밀리미터) 정도를 자주 마셔야 좋다고 하네요.

Part 5
내장 세포

영양원을 소화, 흡수하거나 불필요한 물질을 배출하는 등 내장은 인간이 생명을 유지하기 위해서 반드시 필요한 존재에요. 그런 내장의 중요한 역할을 담당하는 세포들을 소개하겠습니다.

내장이란?

내장이란 머리와 팔다리 등을 제외한 몸 속에 있는 기관의 총칭에요. 착각할 때가 많은데 '장기'와는 의미가 조금 달라요. 내장은 **소화기**와 **호흡기**, **비뇨기**, **내분비기**, **생식기**(→P.104) 등으로 나뉘며 각각 생명 유지를 담당하는 역할을 합니다.

소화기는 주로 음식물 등을 분해하는 일과 그 영양소를 받아들이는 일을 담당하며 위와 장, 간, 담낭, 췌장 등이 있어요. 호흡기는 호흡하기 위한 기관이며 폐를 중심으로 인두와 기관(숨통) 등이 있어요. 비뇨기는 소변을 만들어내서 몸 밖으로 배출하기 위한 기관으로 신장과 방광 등이 포함되지요. 호르몬(→P.101)을 분비하는 내분비기에는 갑상샘 등이 있으며 생식기는 말 그대로 유전자를 남기는 생식 역할을 담당합니다.

또 내장에는 저마다 중요한 역할을 완수하는 세포들이 존재해요. 도저히 다 소개할 수는 없지만…… 이 장에서는 그중에서도 특징적인 **비장**(※1), **간**, **췌장**에서 일하는 세포들을 소개하겠습니다.

칼럼! 내장과 장기의 차이

내장은 몸 속에 있는 기관을 말하며 장기는 몸 밖에 있는 피부 등의 기관도 포함됩니다. 즉 장기는 체내, 체외 상관없이 인체의 모든 부위를 나타내는 말이며 내장보다 의미가 더 넓어요.

(※1) 순환기로 분류된다.

내장의 구성

내장이란 소화기, 호흡기, 비뇨기, 내분비기, 생식기 등의 기관을 말해요.
각각 생명을 유지하기 위한 중요한 역할을 담당합니다.

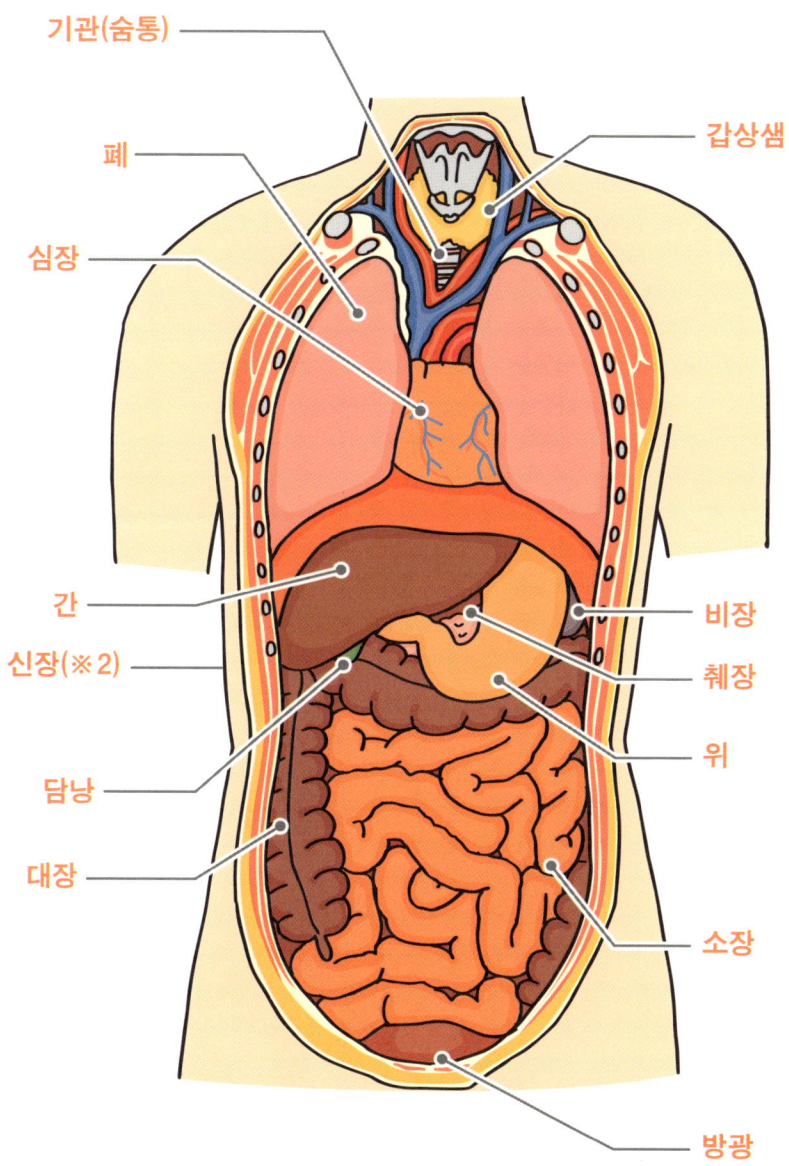

(※2) 간 바로 아래쪽에 위치한다. 몸의 뒷면에 있기 때문에 이 그림에서는 나타내지 않았다.

CELL NO. 18

림프구의 '육성 전문가'
비장세포

주로 비장에서 림프구를 키우는 일을 한다. 오래된 적혈구를 분해해서 간으로 보내는 일도 역할 중 하나.

비장 안에서 림프구를 키운다

비장이 어디에 위치하고 크기가 얼마나 되며 어떤 일을 담당하는지 즉시 말할 수 있는 사람은 적을 수도 있습니다. 식사 후에 달렸더니 왼쪽 옆구리가 결린 적이 있나요? 사실은 그곳이 비장이에요. 비장은 왼쪽 옆구리 부분에 있으며 크기는 조금 두툼한 크로켓 정도입니다. 무게는 80~150그램 정도이며 큰 것은 야구공 무게 정도에요.

비장세포는 비장의 다양한 기능을 담당해요. 가장 특징적인 기능으로 말하자면 **T세포**(→P.54)와 **B세포**(→P.60) 등의 **림프구**를 키우는 일입니다. 비장 속에는 **림프소절**이라고 불리는 학교와 같은 장소가 있어요. 비장세포는 그곳에서 면역 기능을 담당하는 훌륭한 세포가 되기 위해 림프구들을 키웁니다. 이곳에서는 실제로 침입한 세균이나 바이러스와 같은 이물질이 종종 제거되기도 해요.

또한 태아의 혈액을 만드는 것도 중요한 역할이에요. 혈액과 관련해서는 그밖에도 오래되어 충분히 기능하지 못하는 **적혈구**(→P.30)를 분해하거나 **혈소판**(→P.34)을 공급합니다. 혈소판은 전체의 약 3분의 1이 비장에 축적되어 있어요.

CHECKPOINT

빌리루빈

노화한 적혈구의 헤모글로빈이 비장 등에서 분해되어 만들어지는 물질이에요. 이 물질이 간으로 운반되어 장에서 변화해 대부분이 소변이나 변의 토대가 됩니다. 이 빌리루빈의 농도가 체내에서 높아지면 안구 및 피부 등의 기관이나 소변 등이 노랗게 물드는 '황달'이라는 병이 생겨요.

CELL NO. 19

눈코 뜰 새 없이 바쁜 '가정부'!?

간세포

물질의 대사나 유해물질 분해 등 간의 대표적인 기능을 한 번에 도맡는 매우 바쁜 세포

간 기능을 한 번에 도맡는다

간은 인체 안에서 매우 큰 장기로 무게는 약 1.2~1.5킬로그램이나 됩니다. 간은 인간이 살아가기 위해 필요한 수많은 기능을 담당하며 **간세포**는 그 일을 한 번에 도맡아요. 그 대표적인 기능 두 가지를 소개하겠습니다.

첫 번째는 영양 등을 에너지로 바꾸는 일이에요. 인간은 활동하기 위한 에너지를 음식물로 섭취해요. 에너지가 되는 **글루코스**(포도당)는 장에서 흡수된 후 간으로 보내집니다. 간세포는 이 글루코스를 **글리코겐**이라는 물질로 바꿔서 간에 보관해요. 또 에너지가 필요해졌을 때 글리코겐을 다시 글루코스로 되돌려서 혈관을 통해 필요한 장소로 내보낸답니다. 간세포는 에너지를 교환해 저장하고 발송하는데 이것만으로도 엄청난 일이네요.

두 번째는 불필요한 물질을 처리하는 일이에요. 체내에서 불필요한 물질은 배설되는데 소변으로 버릴 수 없는 물질을 담즙으로 장에 보내거나 알코올 등의 유해물질을 분해하여 무해하게 만들어요. 인간이 먹고 마시거나 몸을 움직일 때마다 간세포는 엄청 바쁩니다. 늘 눈코 뜰 새 없이 바쁘게 일한다는 뜻이에요.

알코올성 지방간

간에 지방이 이상할 정도로(간세포 부피의 절반 이상) 쌓인 상태를 말합니다. 폭음, 폭식 등에 따른 알코올이나 당분 과다 섭취나 과격한 다이어트 등이 원인인 생활습관병 중 하나에요. 진행되면 간세포가 파괴되어 간이 딱딱하게 변화하는 '간경변증'이라는 질환으로 이행될 수도 있어요.

CELL NO. 20

혈당치를 조절하는 '주인공'

α(알파) 세포, β(베타) 세포

췌장에서 알파세포(왼쪽)는 글루카곤, 베타세포(오른쪽)는 인슐린이라는 호르몬을 분비해서 혈당치를 조절한다.

랑게르한스섬

아~ 세레나! 당분 과다 섭취에요! 혈당치가 올라갔잖아요.

혈당치?

화들짝

세레나, 이대로는 당뇨병에 걸릴 거예요.

텅… 욱신

반대로 난 한가하겠네.

글루카곤 / 인슐린

폭음폭식도 그만둬요!

미안해요 (눈물)

좀 더 생활 습관을 개선하기 바래요.

글루카곤 / 인슐린

호르몬을 분비해 혈당치를 조절한다

위의 뒤쪽에 붙어 있으며 길이 약 15~20센티미터로 길쭉한 모양을 한 췌장은 그 중요한 기능 중에 **혈당치** 조절이 있어요. 혈당치는 혈액 속의 **글루코스**(포도당) 농도를 말합니다. 이 혈당치가 너무 높으면 당뇨병(→P.102)이나 심근경색 등 심각한 병에 걸릴 수 있어요. 반대로 너무 낮아도 두통이나 현기증, 떨림 등의 증상으로 이어지지요. 그래서 늘 적당한 수치를 유지해야 하는데 그 일을 **알파(α)세포**와 **베타(β)세포**가 담당합니다.

췌장에 있는 **랑게르한스섬**이라고 불리는 장소에는 온갖 호르몬을 분비하는 세포들이 섬처럼 흩어져 존재해요. 알파세포와 베타세포 모두 이곳에서 혈당치를 조절하는 일을 합니다.

혈당치가 낮아졌을 때는 알파세포가 나서서 혈당치를 올리는 효과가 있는 **글루카곤**이라는 호르몬을 분비해요. 반대로 혈당치가 높아졌을 때는 베타세포가 나서서 혈당치를 낮추는 **인슐린**이라는 호르몬을 분비하지요. 조금 과식하기만 해도 혈당치가 올라가서 베타세포가 황급히 인슐린을 분비해요. 이 두 세포의 부담을 줄이려면 생활습관을 고쳐야 합니다!

CHECKPOINT

호르몬

호르몬이란 몸의 다양한 기능을 조절하는 화학물질을 말하며 100종류 이상이 확인되었어요. 몸의 곳곳에 있는 내분비샘(갑상샘과 부갑상샘, 뇌하수체, 부신, 생식샘, 췌장 등)에서 분비되며 종류도 풍부합니다. 예를 들면 부신에서 분비되어 스트레스 반응에 작용하는 아드레날린도 호르몬의 일종이에요.

당뇨병

증상이 심해지면 무서운 당뇨병, 이를 결정하는 베타세포

　혈액 속을 흐르는 글루코스(포도당)의 농도, 즉 혈당치가 높아져서 일어나는 병이 당뇨병이에요. 보통은 췌장에 있는 베타세포가 인슐린이라는 호르몬을 분비해 혈당치를 낮춥니다. 하지만 과식, 과음 등 폭음과 폭식이 지속되면 인슐린 양이 줄어들거나 효과가 잘 듣지 않아서 당뇨병에 걸릴 수 있어요. 아무튼 과식하거나 운동 부족으로 지방이 쌓인 사람의 경우 필요한 인슐린이 일반적인 양보다 몇 배나 된다고 하니 베타세포가 이에 대응하지 못하는 것도 당연하다면 당연하겠네요.

　당뇨병은 증상이 가벼울 때는 목이 마르거나 화장실에 자주 가거나 쉽게 피곤해지는 정도지만 증상이 심해지면 혈관이 손상되어 심장병에 걸리거나 실명하거나 다리를 절단하는 사태에 빠질 수도 있는 무서운 병이에요.

　당뇨병은 유전 때문에 발병하는 사람도 있지만 이를 제외하면 예방할 수도 있어요. 무엇보다 올바른 식생활을 하는 것이 중요합니다. 인슐린의 과다 분비로 베타세포를 피곤하게 만들지 않도록 하세요.

Part 6
생식기 세포

생식기는 부모가 자녀에게 유전 정보를 전달해 자손을 남기는 중요한 역할을 담당해요. 남성, 여성이 각각 특유의 세포를 갖고 있으며 세포끼리 깊이 관여하며 복잡한 기능을 완수하고 있답니다.

생식기란?

생식기는 쉽게 말하자면 자손을 남기기 위한 기관이에요. 다른 기관과는 달리 남성과 여성이 크게 다른 기능을 갖고 있지요. 하지만 그 구조는 남녀 모두 공통적으로 크게 세 가지로 나눌 수 있습니다. **생식세포**를 만드는 **생식샘**, 만들어진 생식세포를 운반하는 **생식관**, 그 기능들을 돕는 **분비샘**이에요.

남성의 생식세포는 **정자**(→P.106)입니다. 생식샘인 정소라는 장소에서 만들어져서 정소상체관이나 정관이라는 생식관을 통해 운반되지요. 또 분비샘인 정낭과 전립선이 정자에 정액을 더해서 정자가 몸 밖으로 방출되는 것이 사정이에요.

여성의 생식세포인 **난자**(→P.108)는 난소라는 생식샘에서 만들어져요. 난자가 난소에서 튀쳐나오는 것을 배란이라고 하며 약 4주에 한 번 이뤄지지요. 배란 후 난자는 생식관인 난관을 통해 자궁으로 운반됩니다. 그곳에서 정자와 만나 수정하면 수정란으로 자궁 점막에 달라붙어요(착상). 이렇게 해서 '임신'을 하게 된답니다.

CHECK POINT

수정

정자가 난자 속에 들어가 수정하고 세포 분열해서 성장할 수 있는 상태가 되는 것을 말하며 수정한 난자는 '수정란'이라고 해요. 수정란은 자궁으로 이동해 자궁 점막에 착상하여 세포 분열해서 성장하지요. 곧 개체가 되기까지의 상태를 배라고 하며 수정한 지 약 8주차 이후가 되면 배는 '태아'라고 불립니다.

남성 생식기

정자는 정소에서 만들어져서 정소상체관 → 정관을 통해 운반되며 정낭과 전립선에서 조절되어 사정돼요.

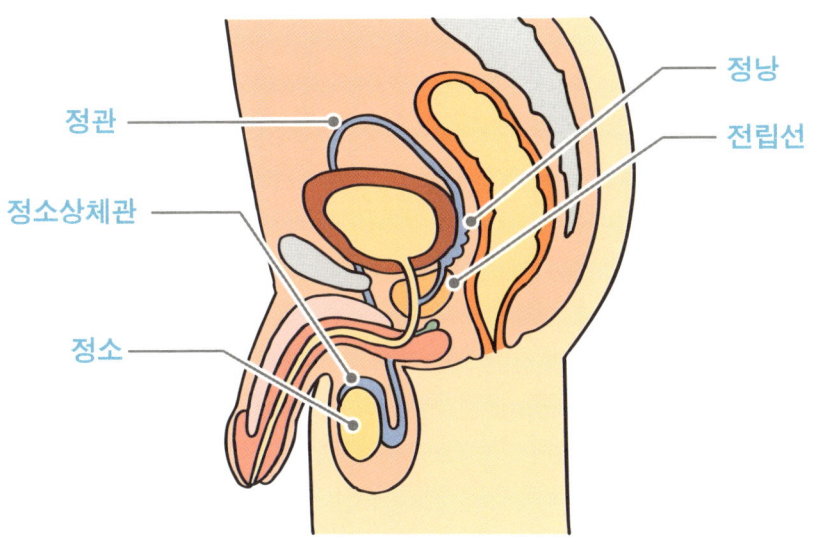

여성 생식기

난자는 난소에서 만들어져서 한 번 난관에서 받아들여진 후에 자궁으로 운반돼요.

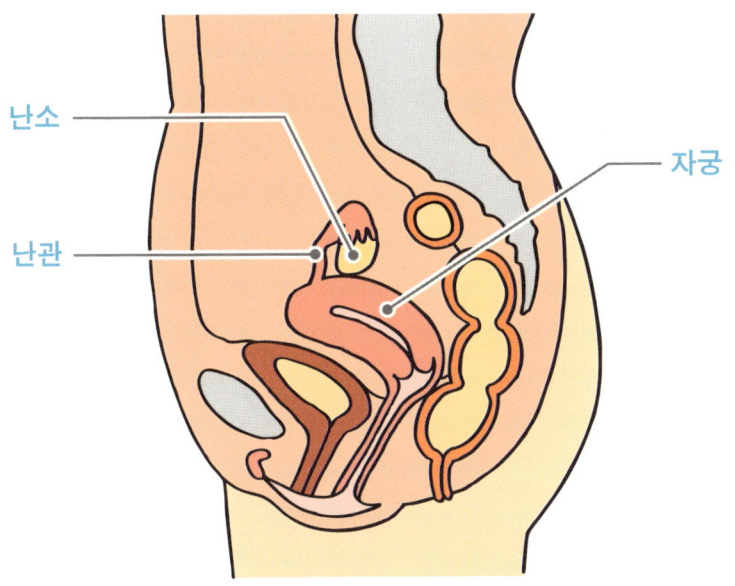

CELL NO. 21

꽃미남은 '매우 희귀하다'?

정자

난자와 만나서 수정란을 만들어 유전자를 전달하는 역할을 한다. 올챙이 같은 모양을 띠고 있다.

약 3억 개 전후인 상대와의 생존 경쟁에서 이기는 힘을 갖고 있고,

네!

똑바로 돌진하는 솔직한 성격이며,

네, 맞아요!

게다가 운동신경도 좋아.

내가 찾는 이상형이에요.

언제 나타나려나…

…
…

후우

수억 분의 1이라는 목표를 노린다

　인간의 경우 사정 1회에 포함되는 **정자** 수가 2~3억 마리 이상이라고 합니다. 그 정자들이 **난자**(→P.108)와 만나기 위해서 자궁으로 곧장 돌진하는데……. 가장 먼저 난자와 만나는 장소인 난관까지 도착하는 정자는 많아 봤자 1천 마리 정도뿐이에요. 또 그중에서 난자와 만날 수 있는 정자는 딱 한 마리이며 나머지는 다 죽고 말아요.

　정자는 **정원세포**로 만들어집니다. 정소 안에서 영양분을 공급받으며 **1차 정모세포**, **2차 정모세포**, **정세포**를 거쳐 결국 정자가 되지요. 참고로 정소는 정자를 최대 10억 마리 정도까지 담아둘 수 있어요.

　인간 정자의 형태는 올챙이를 닮았습니다(→P.110). 길이는 약 5마이크로미터이며 머리(두부), 몸통(중편부), 꼬리(미부)로 이루어져 있어요. 머리의 대부분은 **DNA**가 포함된 **핵**(→P.19)입니다. 몸통에는 에너지를 생성하는 **미토콘드리아**(→P.20)가 있어요. 꼬리는 편모라고 하는 긴 꼬리와 같은 모양을 띠며 이를 사용해서 힘차게 난자를 향해 헤엄칩니다. 하지만 실제로는 1분에 3밀리미터 정도만 움직일 수 있어요. 그래서 사정된 후 난관에서 난자와 만나기까지 두 시간 정도 걸리기도 합니다. 또한 사정된 정자는 외계 환경에서 몇 시간밖에 못 살지만 자궁이나 난관 안에서는 며칠 정도 살 수 있어요.

> **CHECKPOINT**
>
> **정자의 수**
> 정자 수가 적으면 남성 불임증에 걸릴 수 있어요. 남성 불임증이란 원인이 남성에게 있는 불임증을 말합니다. 그중 약 80퍼센트는 정자가 정상적으로 만들어지지 않는 것이 원인이에요. 정자 수는 정액 1밀리리터에 2천만 개 이상이면 정상이라고 하며, 1500만 개 미만이면 '정자부족증', 전혀 없으면 '무정자증'이라고 진단하는 것이 일반적입니다.

감정기복이 심한 '섬세녀'
난자

정자와 만나서 수정란이 되는 역할을 한다. 약 4주에 한 번 난소에서 배출되어 자궁으로 가서 정자를 기다린다.

배란에서 수정, 그리고 착상으로

난자는 난소에서 **난원세포**로 만들어집니다. 난원세포는 여성이 아직 태아일 때 700만 개 정도가 생성됩니다. 하지만 그 이후에는 새로 만들어지지 않아서 수가 점점 줄어들기만 해요. 갓 태어난 시점에서 이미 약 100만 개까지 감소하며 사춘기에는 10만 개, 중장년기에 1천 개로 줄어듭니다. 결국 거의 소실해 배란이 이뤄지지 않고 월경이 완전히 멈추는 것이 폐경이에요.

난원세포는 출생 시에 **1차 난모세포**라고 불리는 상태입니다. 그 후 사춘기에 월경이 시작되고 **2차 난모세포**가 되면 배란이 일어나지요. 이후에 **정자**(→P.106)와 만나면 **수정란**이 되는데 만나지 못할 경우에는 죽고 말아요.

참고로 월경이 시작된 날부터 다음 월경까지 걸리는 약 4주를 월경 주기라고 합니다. 월경 주기는 월경기, 난포기, 배란기, 황체기로 나뉘는데 월경기는 자궁 내막이 벗겨져서 혈액과 함께 배출되는 이른바 생리 기간이에요. 복부나 허리의 통증, 구토감, 짜증, 두통, 빈혈, 나른함, 피부 트러블 등의 증상이 잘 일어나는 시기이지요. 난포기는 배란이 일어나기 전까지, 배란기는 배란이 일어나 황체가 만들어지기 전까지, 황체기는 자궁 내막이 착상 준비를 하는 기간을 말합니다.

CHECKPOINT

황체

배란 후 2차 난모세포(→P.111)에서 생기는 노란 조직을 말합니다. 임신하면 황체가 커지고 황체 호르몬이라는 물질을 분비해서 임신이나 임신을 유지하는 것을 조정해요. 임신이 일어나지 않았을 경우 황체는 급속히 퇴화해서 하얘지며 백체라고 불리는 조직이 되어 곧 죽습니다.

난자가 되어가는 과정

난자는 난소 속에서 난원세포 → 1차 난모세포 → 2차 난모세포
라는 과정을 거쳐 만들어져요.

① 난원세포
난자가 생기는 토대가 되는 세포. 태아기에 7백만 개 정도 만들어진다.

② 1차 난모세포
난원세포의 일부는 출생 시까지 1차 난모세포가 되며 사춘기까지는 이 상태 그대로 지낸다.

③ 2차 난모세포
초경을 맞은 후 1차 난모세포의 일부가 분열해서 시작한다. 이때 배란이 일어난다.

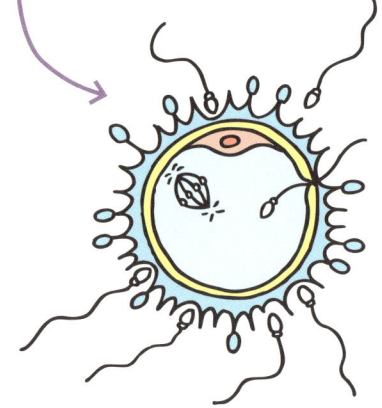

수정(난자)
정자가 2차 난모세포 속에 들어온다(수정). 수정란이 되어 원래의 '난자'라고 불리는 상태가 된다.

정자가 되어가는 과정

정자는 정소 속에서 정원세포 → 1차 정모세포 → 2차 정모세포 → 정세포 라는 과정을 거쳐 만들어져요.

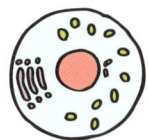
 정원세포
정자가 생기는 토대가 되는 세포. 세포분열해서 평생 끊임없이 증식한다.

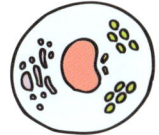
② 1차 정모세포
사춘기가 되면 증식한 정원세포의 일부가 1차 정모세포가 된다.

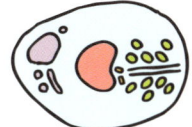
③ 2차 정모세포
1차 정모세포가 분열해 2차 정모세포가 된다. 이 상태는 정낭세포라고 불리기도 한다.

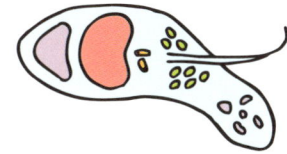
④ 정세포
2차 정모세포가 분열해 정자가 되기 전 단계. 점점 정자의 모양이 되어 간다.

 정자

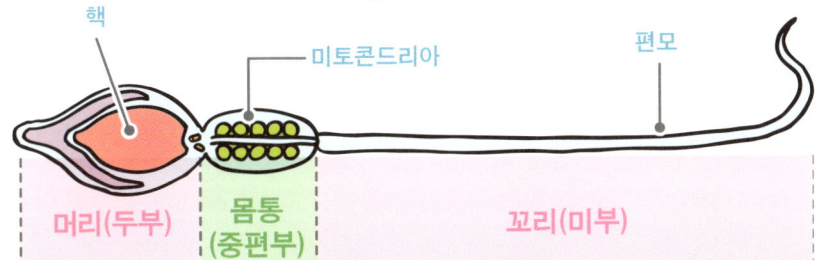

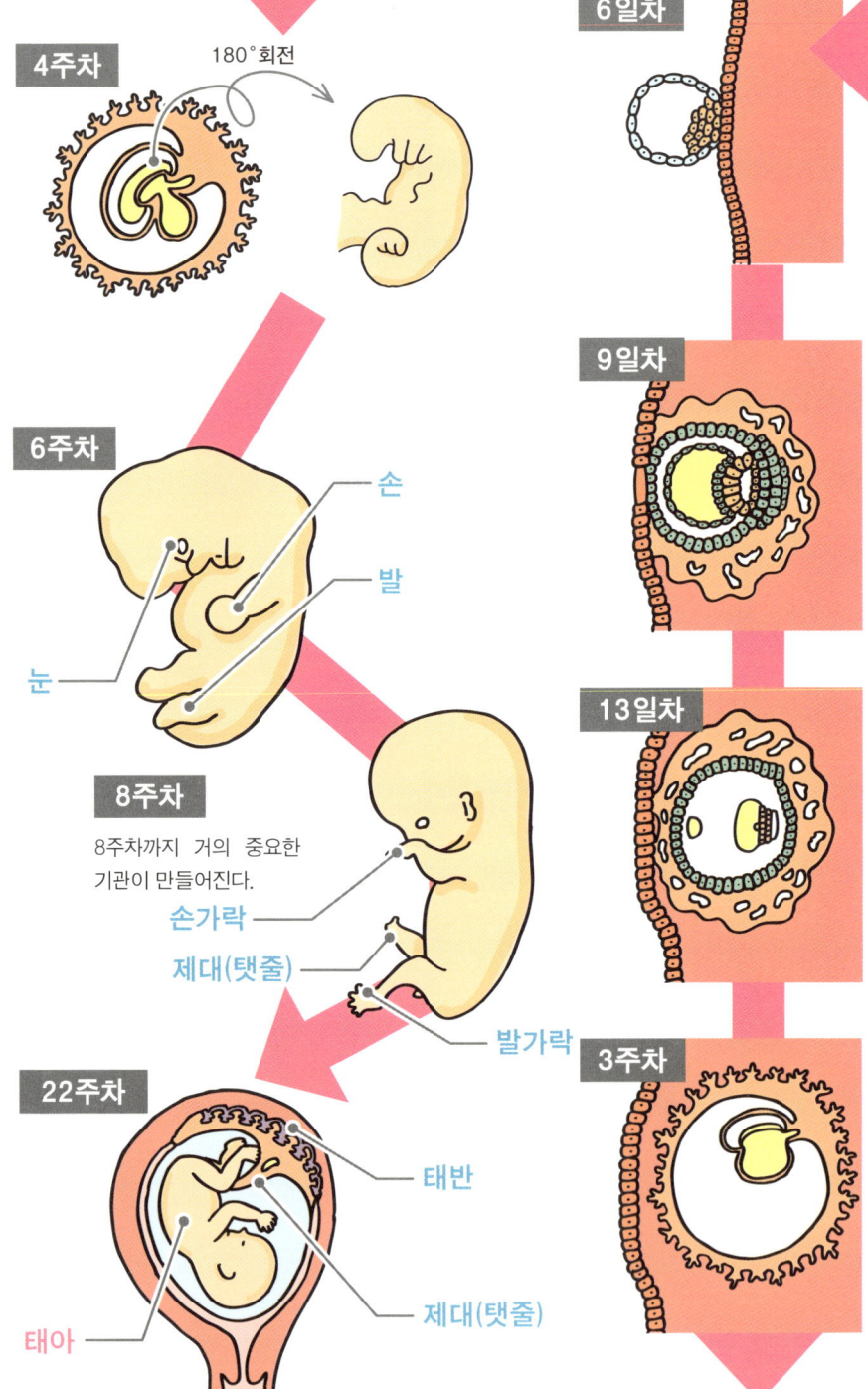

인간의 발생

수정란은 세포 분열을 반복해가며 수정한 지 약 6~7일째에 착상해요. 그 후 약 8주차 이후가 되면 태아라고 불리는 상태가 됩니다.

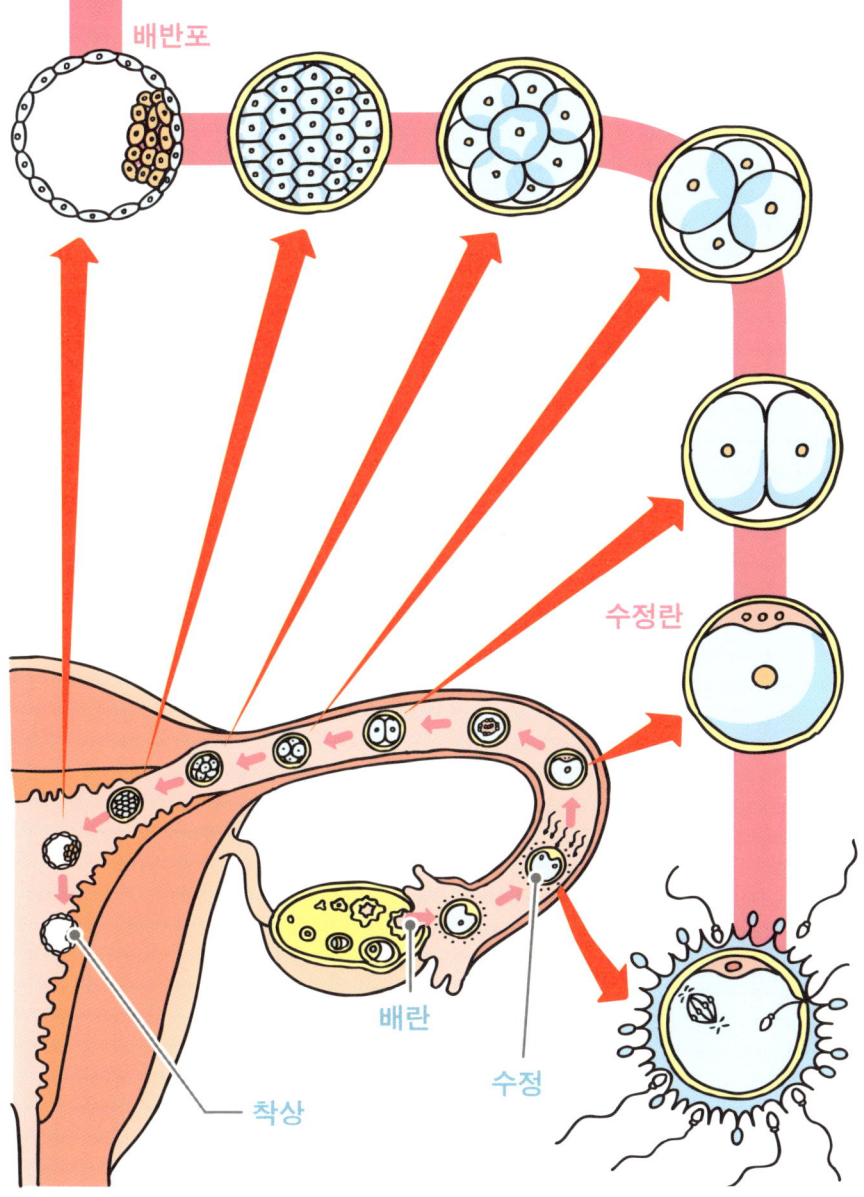

불임증

불임증으로 고민하는 사람은 얼마나 될까?

'아이를 갖고 싶다'고 생각하는 부부의 경우 6개월 안에 약 70퍼센트, 1년 안에 약 90퍼센트가 임신한다고 해요. 그런데 몹시 기대해도 1년 이상 임신을 못하는 경우도 있어요. 이를 불임증이라고 합니다. 약 10쌍 중 한 쌍이 불임증이라고 하며 실제로 많은 사람들이 불임증으로 고민한답니다.

불임증의 원인은 매우 다양해요. 여성의 경우 난자가 난소에서 배출되는 배란이 이뤄지지 않거나 난관이 막혀서 난자가 자궁에 가지 못하거나 자궁에 종양이 생겨서 착상하지 못하는 일 등이 대표적입니다.

남성의 경우 원래는 수 억 마리여야 할 정자 수가 적거나 전혀 없거나 정자의 편모가 잘 움직이지 않거나 정관이 막히는 일 등이 있어요. 하지만 왜 그렇게 되는지 알 수 없는 경우도 많습니다.

또한 남녀 불문하고 몸에 문제가 없더라도 스트레스 때문에 불임이 생길 수도 있어요.

치료 방법으로는 약으로 배란을 원활하게 하거나 건강한 정자를 빼내어 인공적으로 자궁 안에 주입하거나 체외에서 수정시키는 방법이 있습니다.

Part 7

감각 세포

빛이나 소리 등의 자극을 정보로 받는 역할을 담당하는 눈과 귀 등의 감각기관. 각각 존재하는 마치 센서와 같은 기능을 하는 세포들을 소개하겠습니다.

감각기관이란?

감각기관이란 빛과 소리, 냄새, 맛 등의 **자극**을 정보로 받아들이는 기관을 말합니다. 감각기관이 받은 정보가 **뉴런**(→P.68)을 통해 뇌와 척수 등의 **중추신경**으로 전해져서 '밝다', '시끄럽다'는 감각이 생기는 거예요.

대표적인 감각기관에는 **눈**, **귀**, **코**, **혀**, **피부**가 있어요. 눈은 빛의 파장 등을 감지하는 **시각기관**이며 색과 밝기를 인식합니다. 귀는 소리를 듣기 위한 **청각기관**이며 공기의 진동(음파)을 감지하지요. 또 귀 내부에는 반고리관이라고 하는 감각기관이 있는데 몸의 회전 등 평형감각을 인식하는 **평형감각기관**이기도 합니다.

코는 냄새를 맡기 위한 **후각기관**이며 혀는 맛을 느끼는 **미각기관**이에요. 피부는 **피부감각기관**이라고 불리며 촉각(사물이 닿았다)이나 압각(눌렀다), 통각(아프다), 온도각(뜨겁다, 차갑다) 등의 자극을 받습니다. 눈, 귀, 코, 혀, 피부의 다섯 가지 감각기관이 감지하는 '보고, 듣고, 냄새를 맡고, 맛보고, 접촉하는' 감각을 **오감**이라고 해요.

CHECKPOINT

적자극

눈은 빛, 소리는 귀 등 감각기관은 각각 특정한 자극만 받아들여요. 이를 그 감각기관에 대한 '적자극'이라고 하며 감지할 수 없는 자극은 '부적자극'이라고 합니다. 또한 일부 사람들은 음악을 들었을 때 시각에서도 감각이 생기는(색이 보이는 등) 체험을 하기도 해요. 원래의 감각이 아닌 다른 감각이 생기는 현상을 '공감각'이라고 합니다.

자극과 감각기관

감각기관은 자극을 정보로 받아서 뇌와 척수(중추신경)에 전달합니다.
감각기관은 각각 특정한 정보를 받도록 특화되어 있어요.

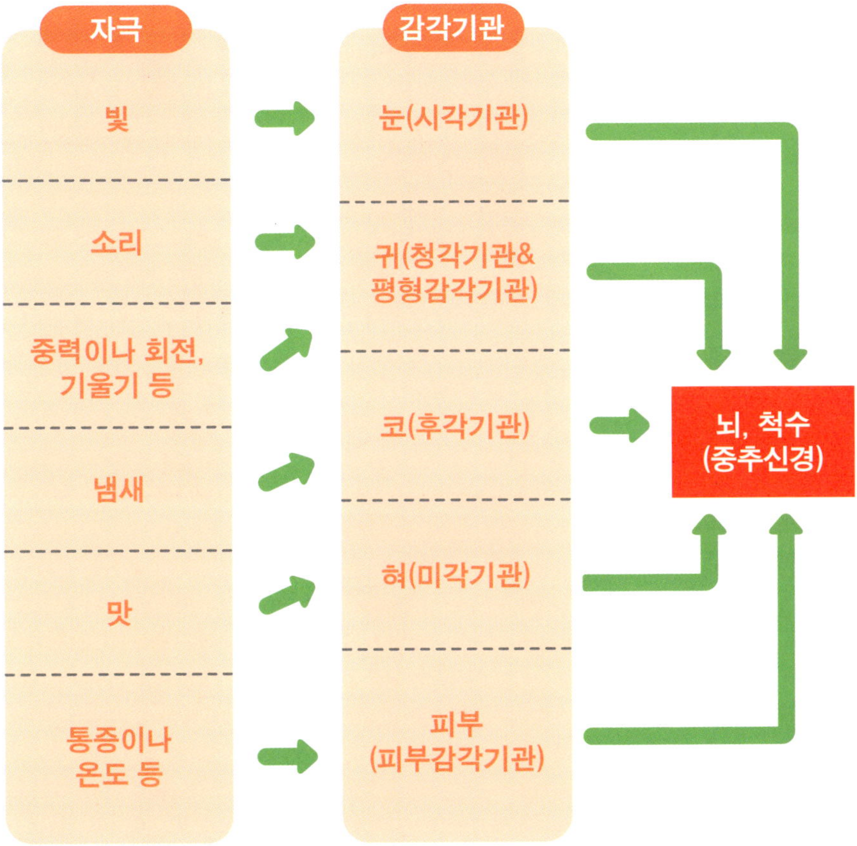

자극	감각기관
빛	눈(시각기관)
소리	귀(청각기관 & 평형감각기관)
중력이나 회전, 기울기 등	
냄새	코(후각기관)
맛	혀(미각기관)
통증이나 온도 등	피부(피부감각기관)

→ 뇌, 척수 (중추신경)

역치

감각이 성립하려면 일정한 세기 이상의 자극이 필요해요. 감지할 수 있는 최소 자극의 세기를 '역치'라고 합니다. 즉 역치보다 강한 자극은 느낄 수 있지만 약한 자극은 감지할 수 없어요. 여기에는 개인차가 있으며 역치가 낮은 사람은 '민감하다', 높은 사람은 '둔감하다'고 할 수 있습니다.

CELL NO.23

색과 밝기의 '명콤비'

시세포

원추세포(오른쪽)는 색, 간상세포(왼쪽)는 밝기를 감지한다. 간상세포의 감도가 높다.

색은 원추세포, 밝기는 간상세포가 감지한다

시세포는 인간의 눈(시각기관)에서 빛이라는 자극을 받아 색과 밝기 등의 정보를 감지하고 시신경을 통해 뇌로 전달합니다.

빛의 자극은 투명한 **각막**을 통해 검은자위의 중심에 있는 **동공**에서 안구 속으로 들어가 안쪽에 있는 망막에 모여들어요. 시세포는 그 망막에 많이 존재합니다.

시세포에는 색을 감지하는 **원추세포**와 밝기를 감지하는 **간상세포**가 있어요. 원추세포는 빛의 3원색인 빨간색, 녹색, 파란색 담당으로 분류되는데 이를테면 빨간색과 녹색의 담당이 자극을 감지하면 노란색이 보이지요. 이렇듯 인간의 눈은 일하는 원추세포의 조합으로 색을 식별해요. 하지만 원추세포는 감도가 낮아서 빛이 조금뿐인 어두운 환경에서는 제대로 일하지 못합니다.

한편 간상세포는 명암만 감지할 수 있는데 원추세포에 비해 감도가 높아서 어두운 곳에서도 일할 수 있어요. 이는 간상세포의 기능을 생성하는 **로돕신**이라는 물질이 약간의 빛으로도 만들어지기 때문이에요. 로돕신은 비교적 서서히 만들어지는 것이 특징입니다. 그런 이유로 밝은 곳에서 어두운 곳으로 들어갔을 때 눈에 익숙해지는 데 시간이 걸리는 거예요.

피카츄린(pikachurin)

시세포가 시신경으로 정보를 전달할 때 중개하는 물질. 2008년 일본 오사카 바이오사이언스 연구소의 후루카와 다카히사(古川貴久) 연구팀이 발견했습니다. 이 물질을 많이 보유한 사람일수록 동체시력이 높다고 해요. 피카츄린은 생쥐 실험을 통해 발견된 점, 빛과 관계가 있는 점에서 유명 캐릭터와 연관시켜 지어진 이름입니다.

눈(시각기관)

인간의 눈 구조는 카메라와 닮았기 때문에 카메라눈으로 불리기도 합니다. 원추세포와 간상세포는 둘 다 망막에 존재해요.

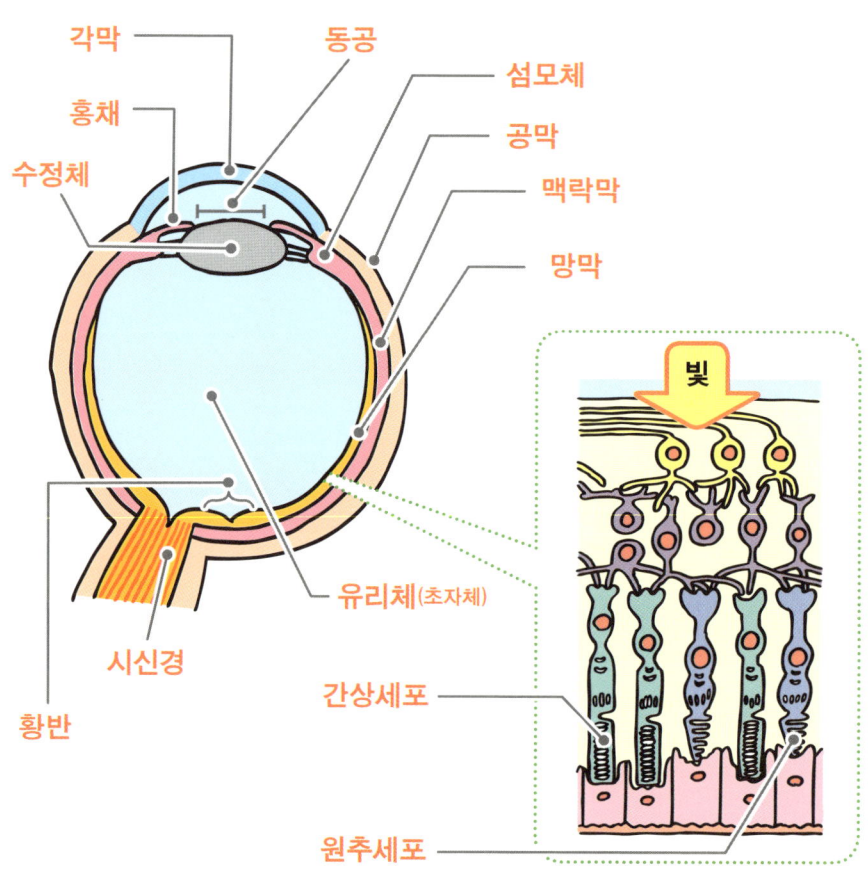

> **CHECKPOINT**
>
> **맹점**
>
> 망막에서도 시신경과의 경계 부분에 시세포가 존재하지 않아요. 평소에는 느껴지지 않지만 빛이 들어와도 반응하지 않고 이른바 '보이지 않는 부분'이 생깁니다. 이 보이지 않는 부분을 '맹점'이라고 해요. 이를 발견한 프랑스의 물리학자 마리오트(Edme Mariotte)의 이름을 따서 '마리오트 맹점'으로도 불린답니다.

명순응과 암순응

어두운 장소에서 밝은 장소로 나왔을 때 눈이 익숙해지는 현상을 명순응, 그 반대 현상을 암순응이라고 해요.

어두운 곳 → 밝은 곳(명순응)

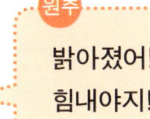
원추
밝아졌어!
힘내야지!

간상
눈부신 건 질색이야…
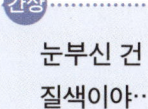

어두운 곳에서 밝은 곳으로 들어가면 간상세포의 감도가 떨어지고 주로 원추세포가 기능한다. 명순응에 걸리는 시간은 약 몇 분 정도 걸린다.

밝은 곳 → 어두운 곳(암순응)

원추
어두워졌네…
일하기 싫다.

간상
색은 모르겠지만 이런 상태라면 힘이 나!

밝은 곳에서 어두운 곳으로 들어가면 원추세포의 감도가 떨어지고 간상세포가 일한다. 로돕신은 서서히 만들어지기 때문에 암순응에 걸리는 시간은 약 30분~1시간으로 느린 편이다.

눈을 감았을 때 '반짝임'의 정체

밝은 것을 본 후에 바로 눈을 감으면 눈꺼풀 안쪽에서 잠시 반짝이는 빛이 보이지 않나요? 사실 그 빛은 원추세포가 아직 일하고 있다는 증거에요. 암순응일 때 간상세포가 힘을 내기까지 약 10분은 걸려요. 그러는 사이에 원추세포는 계속 힘을 내며 눈꺼풀 안쪽의 희미한 빛을 감지합니다.

CELL NO.24

소리를 조절하는 '앰플리파이어'

유모세포

소리를 감지해서 소리의 높낮이와 음량을 조절한다. 또한 몸의 움직임과 평형감각도 느낀다.

소리 외에 평형감각도 감지한다

　귀(청각기관과 평형감각기관)는 소리(공기의 진동)를 감지하거나 평형감각을 느껴서 청신경을 통해 뇌로 전달합니다. 이런 기능은 **유모세포**의 역할에 따릅니다.

　귓속에는 달팽이 껍데기와 같은 모양을 한 **달팽이관**(→P.125)이 있는데 그 속에는 소리를 인식하는 **코르티 기관**이라는 장치가 있어요. 여기에 한쪽 귀당 약 15,000개나 되는 많은 양의 유모세포가 있어서 소리를 정보로 감지합니다.

　유모세포는 소리의 높낮이와 음량을 느낄 뿐만 아니라 소리의 강도를 조절해서 알아듣기 쉽게 하기도 해요. 스테레오 등으로 음성신호의 강약을 조절하는 기계를 '앰플리파이어'라고 하는데 유모세포는 초미니 앰프나 다름없답니다. 이 세포를 통해서 듣고 싶은 높이의 소리만 구별해서 들을 수도 있어요. 좋아하는 기타리스트의 연주 소리에 귀를 기울일 때는 유모세포가 활발하게 일합니다!

　또한 달팽이관 위쪽에는 **반고리관**(→P.124)이라는 기관(평형감각기관)이 있는데 여기에도 유모세포가 존재해요. 여기에 있는 유모세포는 청각보다 평형감각을 감지합니다. 이 유모세포가 어떻게 움직이느냐에 따라 몸이 어떻게 운동하는지 알 수 있고 그 정보가 뇌로 전해지도록 이루어져 있어요.

CHECKPOINT

평형감각
인간이 운동할 때 속도의 변화에 따라 느끼는 감각을 말합니다. 이 감각으로 인간은 중력의 방향에 대한 몸의 위치나 자세, 움직임 등을 알 수 있어요. 평형감각을 담당하는 반고리관 등에 장애가 생기면 많은 사람들을 괴롭히는 멀미와 현기증 등의 증상이 일어납니다.

귀(청각기관과 평형감각기관)

소리(공기의 진동)를 반고리관에 있는 유모세포가 감지해서 정보로 바꾸고 청신경을 통해 뇌로 전달해요. 이렇게 해서 청각이 생성됩니다.

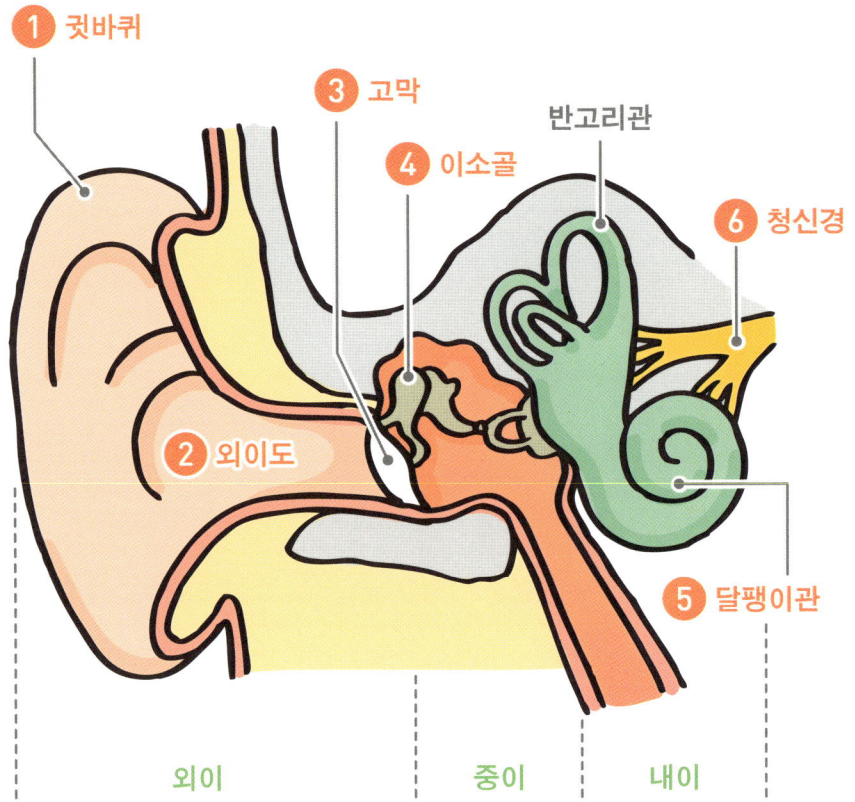

소리를 느끼는 구조

1. 귓바퀴에서 소리가 모인다.
2. 모인 소리가 외이도를 지나간다.
3. 소리가 고막을 진동시킨다.
4. 고막의 진동이 이소골에서 증폭된다.
5. 달팽이관에 전해진 소리를 유모세포가 감지하고 감도를 조절해서 정보로 바꾼다.
6. 정보가 청신경을 거쳐 대뇌로 전해져서 청각이 생성된다.

달팽이관의 구조

달팽이관은 달팽이처럼 생겼다고 해서 '아우'라고 부르기도 해요.
이 속의 코르티 기관에 있는 유모세포가 소리를 감지합니다.

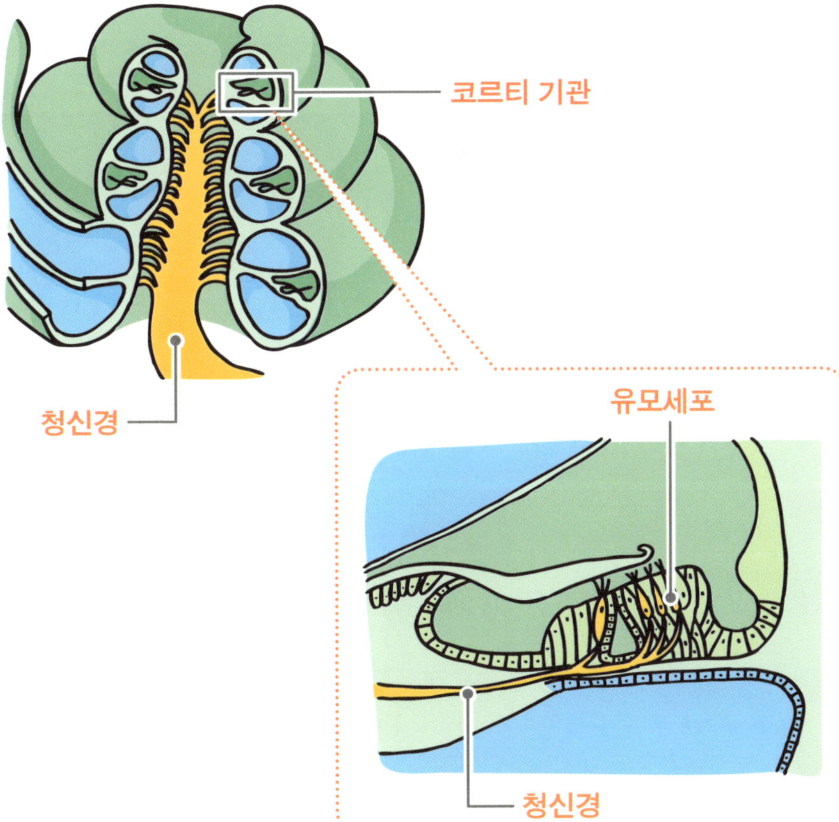

코르티 기관

청신경

유모세포

청신경

가청 범위

인간은 너무 낮거나 높은 소리는 알아듣지 못해요. 알아들을 수 있는 소리의 높낮이 범위(소리의 주파수)를 가청 범위라고 합니다. 개인차는 있지만 일반적으로 인간의 가청 범위는 약 20Hz~20,000Hz라고 해요. 참고로 개의 가청 범위는 40Hz~65,000Hz, 고양이는 60Hz~100,000Hz 정도라고 합니다.

'민감'하지만 '둔감'해?

후세포

냄새를 민감하게 감지해서 전달한다. 똑같은 냄새에 빨리 익숙해져서 무슨 냄새인지 잘 잊어버린다.

공기에 섞인 냄새 물질을 감지한다

냄새를 감지하는 **후세포**에는 **후각 섬모**라고 불리는 세포 소기관(→P.18)이 있는데 이 섬모가 **후각상피**의 점막에 용해된 냄새 물질에 반응합니다.

하지만 후세포는 똑같은 냄새는 빨리 익숙해져서 둔감해지는 성질이 있어요. 인간이 자신의 냄새를 잘 느끼지 못하는 이유가 이 성질 때문이에요.

후세포는 감지한 냄새의 정보를 뇌에 전달하는데 다른 감각기관 세포와는 달리 정보를 전달하는 신경 역할을 겸한다는 특징도 있습니다.

코는 뇌의 바로 밑에 있으며 그 사이에는 수많은 작은 구멍이 뚫린 뼈가 있어요. 후세포는 감지한 냄새의 정보를 그 구멍을 통해서 뇌 조직인 **후구**에 직접 전달합니다.

코(후각기관)

후세포는 콧속에 펼쳐지는 비강 천정 부분의 후각상피라는 장소에 존재하며 후각 섬모를 사용해 냄새를 감지해요.

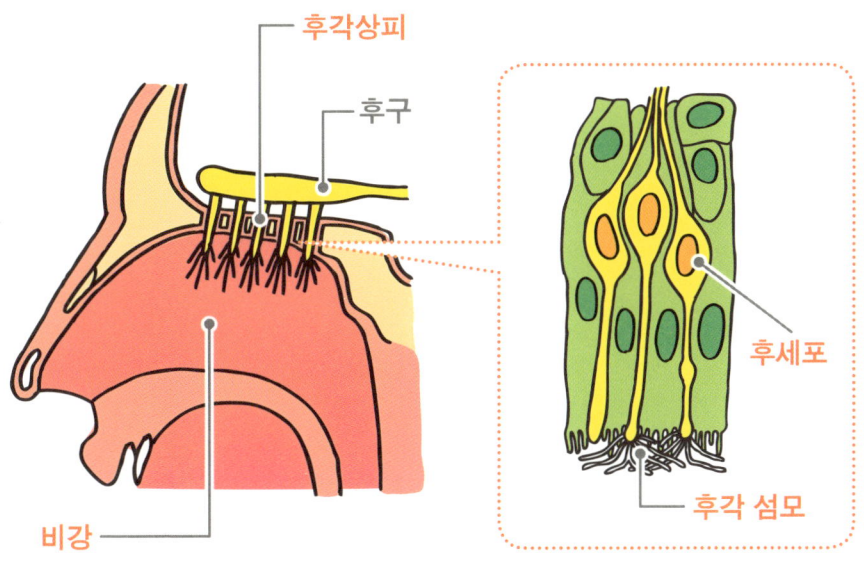

CELL NO.26

미뢰에 살고 있다?
'배분을 잘한다'!

미세포

혀의 표면에 있는 미뢰라고 하는 장소에 존재하며 짠맛, 단맛, 쓴맛, 신맛, 감칠맛의 다섯 종류를 감지한다.

혀의 표면에 있는 미뢰에서 다섯 종류의 맛을 감지한다

미세포가 느낄 수 있는 미각은 짠맛, 단맛, 쓴맛, 신맛, 감칠맛입니다. 참고로 매운맛은 통각이므로 맛과는 다른 자극으로 분류돼요.

미세포는 전문성이 높으며 미세포 하나당 맛 한 종류만 느낍니다. 그러나 **미뢰** 속에는 20~30개나 되는 미세포가 존재해서 모든 맛을 느끼는 세포가 갖춰져 있지요. 따라서 인간은 다섯 가지 맛을 조합해서 '새콤달콤한' 맛처럼 복잡한 맛도 느낄 수 있습니다.

덧붙이자면 미뢰는 혀 전체에 약 1만 개나 존재하는데 혀의 어느 부분이든지 맛을 음미할 수 있어요. 혀의 영역에 따라 느끼는 맛이 정해져 있다는 설도 있는데 아무래도 틀린 듯하네요.

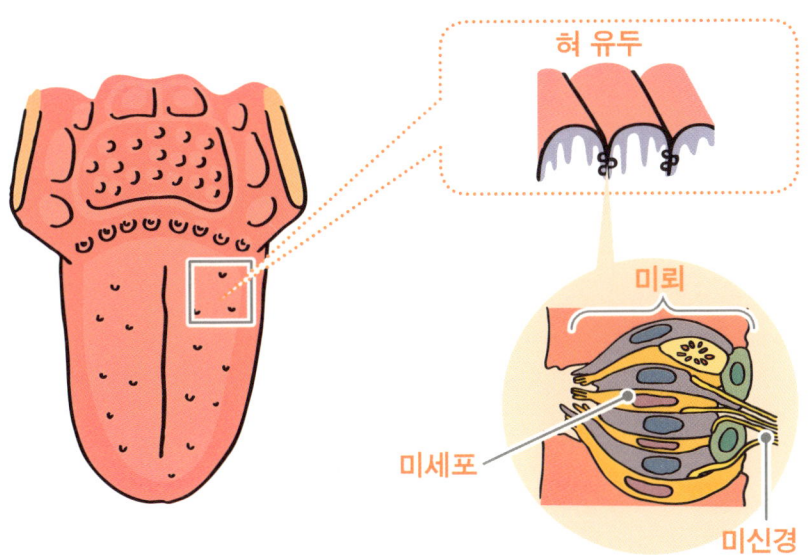

혀(미각기관)

미뢰는 혀 유두에 있는데 그 속에 미세포가 존재해요. 미세포는 물에 녹은 물질에 반응해서 맛을 감지합니다.

CELL NO. 27

긁어 부스럼?
메르켈 세포

표피에 존재하며 주로 촉각을 담당한다. 자외선 등의 영향을 받아서 암세포가 되기도 한다.

뉴런 씨 저 애는 일 안 하고 노네요!?

아파!

어엉—…

따뜻해!

…

왜요!? 안 돼요 제대로 주의를 줘야죠!

아니… 저 애는 냅둬.

긁어 부스럼 이랄까…

귀엽다고 해서 응석부리면 안 되잖아요! 다른 애들도 일할 마음이 사라지겠어!

메르켈 세포는 아주 드물게 **암세포**가 되거든.

살짝 닿는 정도라도 촉각을 감지한다

피부(피부감각기관)는 가장 바깥쪽의 **표피**, 그 아래의 **진피**, 또 그 아래의 **피하 조직**으로 구성됩니다. 피부에는 어떤 사물에 닿은 감각이나 온도, 통증 등을 느끼는 세포가 많이 존재해요. 그중에서도 표피에 있는 **메르켈 세포**가 대표적인 존재입니다. 메르켈 세포는 살짝 닿은 정도의 약한 자극도 감지할 수 있어요. 온몸의 피부에 존재하는데 손끝 등의 민감한 부분에는 특히 많지요.

하지만 메르켈 세포는 자외선 등의 영향으로 이상이 생겨나 계속 증가하면 **암세포**(→P.146)가 되기도 해요. 이 일로 일어나는 병을 '메르켈 세포 암'이라고 하며 햇볕에 노출되기 쉬운 머리 부분 등에서 많이 볼 수 있습니다.

표피(피부감각기관)

피부는 촉각, 압각, 온도각, 통각 등을 느끼며 메르켈 세포는 특히 동작 담당이에요.

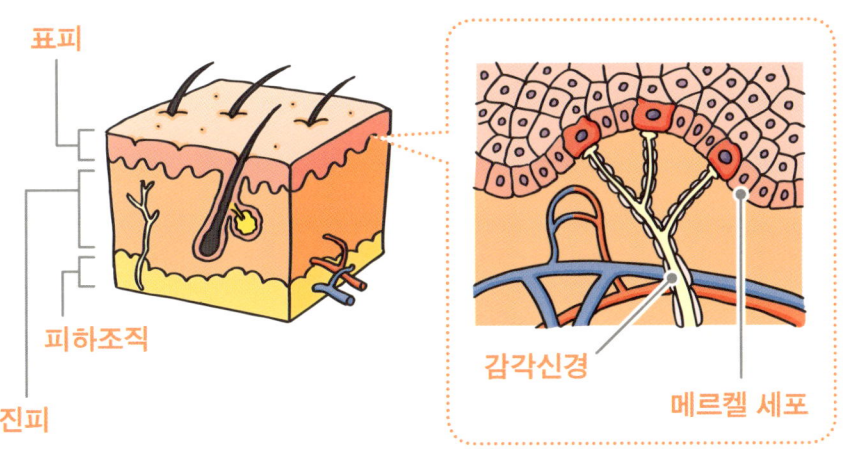

나이 관련 황반변성

보고 싶은 사물이 보이지 않아요! 시세포가 파괴되는 무서운 병!

나이 관련 황반병성은 중심 시야가 일그러지거나 그 부위에 새카만 검버섯 같은 얼룩이 보이거나 사물이 잘 안 보이는 병입니다. 중심 시야는 정말로 '보려고' 바라보는 부분인데 그곳이 잘 안 보인다는 뜻이에요! 심해지면 실명할 수도 있어요.

빛이 모이는 망막의 중심부는 황반이라고 불리는데 수많은 시세포가 모여 있는 곳이에요. 특히 색을 확실히 확인하기 위해 활약하는 원형세포가 집중해서 존재합니다. 이 황반에 보통보다 더 약한 혈관이 생겨서 사소한 일로 손상되어 혈액 성분이 스며 나올 수 있습니다. 그래서 이 섬세한 부분에 부종이 생기거나 수분이 고여서 중요한 시세포를 손상시키는 것이 이 병에 걸리는 가장 일반적인 원인이라고 해요. 나이가 들면 걸리기 쉬워지기 때문에 '나이 관련 황반변성'이라는 이름이 붙었습니다.

예방하기 위해서는 시금치 등의 녹황색 채소를 먹으면 좋아요. 이런 음식에 함유된 루테인이라는 영양소가 원추세포의 에너지원이 된다고 합니다.

Part 8
세포 연구

ES세포나 iPS 세포처럼 인공으로 만들어진 줄기세포와 암에 대한 치료 등 아직까지 밝혀지지 않은 부분도 많지만 세포에 관한 연구는 계속 진화하고 있습니다.

세포 연구의 진화

세포 연구는 전자현미경(※1)의 등장으로 전 세계에서 활발히 이루어지게 되었습니다. 일본에서도 1987년에 생물학자인 도네가와 스스무(利根川 進)가 **B세포**(→P.60)가 만들어내는 항체에 대한 연구로 노벨 생리의학상을 받는 등 그 진화가 매우 놀라워요!

또한 1998년에는 **ES세포**(→P.138), 2007년에는 **iPS 세포**(→P.140)가 인간 세포를 사용해서 제작되는 등 최근에는 인체 대부분의 세포가 될 수 있는 인공 **줄기세포**(→P.136) 연구가 특히 활발해졌어요. 백혈병 등의 난치병에 시달리는 환자들은 이런 세포들을 사용한 재생 의료에 기대하고 있습니다. 그러나 ES세포에는 거부 반응이나 윤리적인 문제 등이 있으며 iPS 세포에도 아직 밝혀지지 않은 부분이 많아요.

한편 2018년에는 **암 면역요법**(→P.144)이 화제에 올랐습니다. 면역을 담당하는 세포를 활용한 암 치료는 효과적이지 않다는 지금까지의 생각을 완전히 뒤집었어요! 앞으로도 상식을 뒤엎는 새로운 발견으로 의료 등이 발전해가기를 기대합니다.

세포의 학문

세포와 관련된 학문에는 여러 종류가 있어요. 세포를 배양하거나 유전자를 조작해서 세포를 연구하는 '세포 공학', 생명 현상을 분자 단계에서 연구하는 '분자 생물학', 이를 다 포함하는 '생명과학(라이프사이언스)' 등입니다. 연구가 진행됨에 따라 학문 영역도 점점 넓어지고 있어요.

(※1) 1950년대에 보급되었다. 빛이 아니라 전자선을 이용해서 세밀하게 관찰할 수 있다.

최근의 세포 연구

세포에는 아직도 알지 못하는 부분이 많아서 연구가 계속 진행 중입니다.
그 덕분에 깜짝 놀랄 만한 새로운 발견이 끊이질 않고 있어요.

줄기세포의 연구

• ES세포(➡P.138)

1981년에 영국 케임브리지대학교의 마틴 에반스(Martin Evans) 박사팀이 생쥐 실험으로 첫 제작에 성공했다. 인체의 세포 대부분이 될 수 있는데 다른 사람의 수정란을 필요로 하기 때문에 거부 반응 및 윤리적 문제가 있다.

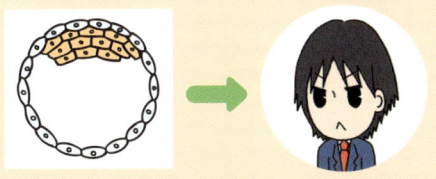

ES세포는 수정란에서 6~7일이 지난 배반포(➡P.113)의 일부를 꺼내서 만들어진다

• iPS세포(➡P.140)

2006년에 일본 교토대학교의 야마나카 신야(山中信弥) 교수팀이 생쥐 실험으로 첫 제작에 성공했으며 2012년에 노벨 생리의학상을 수상했다. 자신의 피부 등으로 만들어지기 때문에 거부 반응이나 윤리적 문제에 대한 우려가 없다.

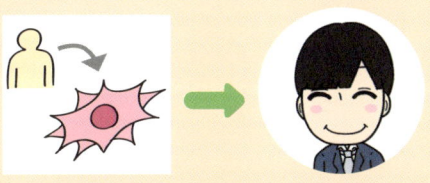

iPS세포는 피부 등의 채취하기 쉬운 부분의 세포를 배양해서 만들어진다

암 치료의 연구

• 암 면역세포(➡P.144)

2018년에 노벨 생리의학상을 수상한 교토대학교의 혼조 다스쿠(本庶 佑) 교수팀이 발견한 단백질(PD-1) 덕분에 원래 인간의 세포가 갖고 있는 면역 기능을 이용해 지금까지 없었던 암 치료가 가능해졌다.

암세포는 자신을 공격하는 림프구 등의 세포 기능을 약화시키는 힘이 있는데 암 면역요법은 이 힘을 해방한다는 방법이다.

줄기세포

자신 이외의 세포가 될 수 있다

'분열해서 증식하는' 일은 세포의 기본적인 기능(→P.16) 중 하나입니다. 대체로 '자신과 똑같은 종류의 세포를 늘리는' 역할을 담당하지요. 그런데 '자신과는 다른 세포가 되는' 기능을 갖고 있는 세포도 있어요. 바로 **줄기세포**입니다. 자신과는 다른 세포가 되는 것을 **분화**라고 해요 (→P.29).

줄기세포는 분화할 수 있는 범위 등에 따라 여러 종류로 나뉩니다. 줄기세포 하나가 모든 세포로 분화할 수 있어서 하나의 생물(개체)까지 될 수 있는데 수정란이 이것에 해당합니다. 또한 개체까지 될 수는 없지만 대부분의 세포로 분화할 수 있는 것을 **다능성 줄기세포**라고 해요. 몇몇 정해진 특정한 세포가 될 수 있는 것은 **체성 줄기세포**라고 하는데 이를테면 **조혈모세포**(→P.28)가 여기에 해당합니다. 또 자신 이외의 한 종류로만 분화할 수 있는 줄기세포도 있는데 **단능성 줄기세포**라고 합니다.

암 줄기세포

암세포(→P.146) 중에서도 줄기세포의 성질이 있는 세포를 말하며 암세포를 점점 늘리는 우두머리와 같은 존재입니다. 이를 사멸시켜서 암을 예방하는 연구가 진행되고 있어요. 그러나 서서히 밝혀지고 있기는 하지만 어떻게 이 세포가 생기는지 원래 정말로 존재하는지는 여전히 의문점이 많아요.

줄기세포의 종류

줄기세포는 얼마나 다른 세포로 분화할 수 있느냐에 따라 종류를 크게 나눌 수 있어요.

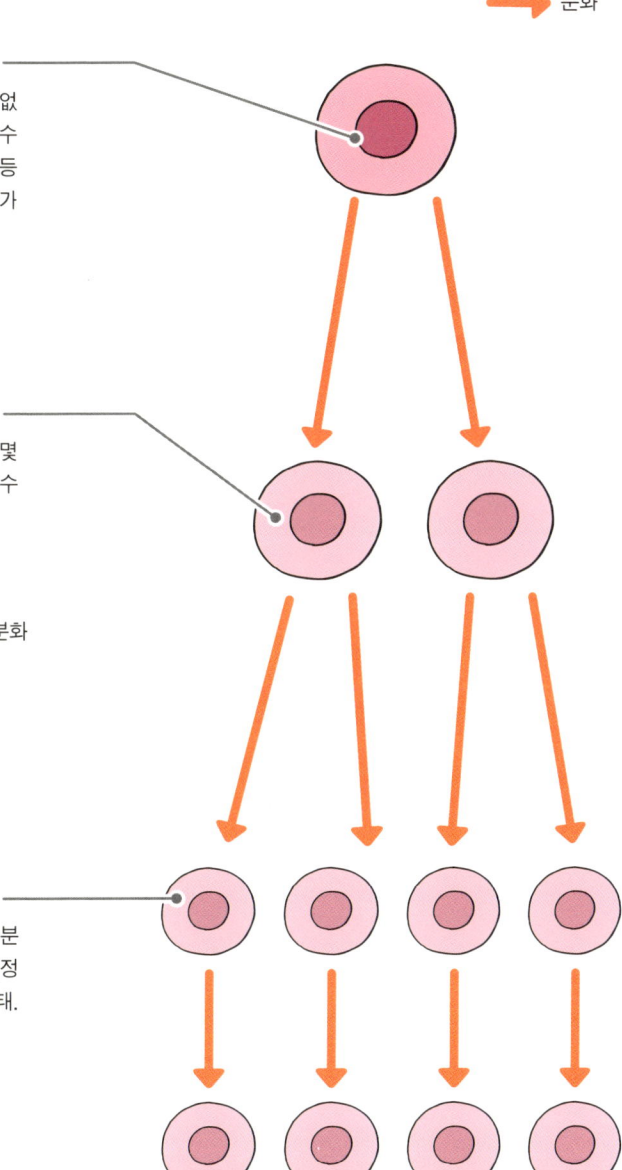

→ 분화

다능성 줄기세포
수정란처럼 개체는 될 수 없지만 모든 세포로 분화할 수 있다. ES세포나 iPS세포 등 인공적으로 만드는 연구가 진행 중이다.

체성 줄기세포
혈액 세포나 신경 세포 등 몇몇 정해진 세포로 분화할 수 있다.

(예)
조혈모세포(→P.28)
적혈구나 백혈구 등으로 분화

단능성 줄기세포
자신 이외의 한 종류로만 분화할 수 있다. 최종적인 특정 세포가 되기 바로 전의 상태.

(예)
정원세포(→P.110)
1차 정모세포로 분화

줄기세포의 '대선배'
ES 세포

수정란에서 인공적으로 만들어지는 줄기세포. 인체를 구성하는 대부분의 세포가 될 수 있지만 문제시되기도 한다.

매우 획기적! 그러나 두 가지 문제가 존재

ES세포는 영어로 'Embryonic Stem Cell', 번역해서 '**배아줄기세포**'라고도 합니다. 수정란에서 6~7일 정도 지난 배반포(→P.113)의 일부를 사용해서 인공적으로 만들어진 세포에요. 1981년 영국 케임브리지대학교의 에반스 박사팀이 생쥐 실험으로 배양에 성공했으며, 1998년에는 미국의 제임스 톰슨(James Thomson) 박사가 인간의 ES세포 배양에 성공했습니다.

다능성 줄기세포(→P.136)인 ES세포는 확실히 정비된 환경에서는 인체를 구성하는 대부분의 세포가 될 수 있을 뿐만 아니라 증식하는 능력도 높아요. 그래서 '당뇨병에 걸려서 약해진 간세포를 ES 세포로 만든 간세포와 교환하는' 등 재생의료에 이용하는 치료법이 기대되고 있습니다.

하지만 ES세포를 활용하려면 두 가지 문제가 있어요. 첫 번째는 **윤리적인 문제**입니다. ES세포를 만들려면 생명의 근원인 수정란이 필요하기 때문에 재생의료 등을 위한다고는 하지만 생명의 근원을 사용해도 되느냐 하는 논의가 진행 중이에요. 두 번째는 **거부 반응 문제**입니다. 거부반응이란 면역 기능을 갖고 있는 세포가 이물질의 침입에 저항해서 몸을 지키려고 하는 반응을 말해요. ES세포는 기본적으로 다른 사람의 세포를 사용해 만들어지기 때문에 체내에 이식하면 이물질로 인식하여 거부반응이 일어날 가능성이 매우 높아요.

> **CHECKPOINT**
>
> **재생의료**
>
> 재생의료란 세포의 재생 능력을 이용해 병을 고치는 의료를 말합니다. 예를 들면 당뇨병은 혈당치를 낮추는 인슐린이라는 호르몬의 분비량이 적어져서 혈당치가 올라가는 것이 원인 중 하나에요. 그런데 베타세포(→P.100)를 ES세포나 iPS세포(→P.140)로 만들어내서 인슐린을 생성하여 당뇨병을 치료할 수 있다고 기대를 모으고 있습니다.

CELL NO.29

줄기세포의
'슈퍼 엘리트'

iPS
세포

ips 세포는 체세포에서 인공적으로 만들어진 줄기세포로 ES세포의 두 가지 문제를 해결한다. 아직 해명되지 않은 부분도 많다.

거부 반응이나 윤리적인 문제도 없다

iPS세포는 야마나카 신야 교수가 이끄는 일본 교토대학교의 연구팀이 2006년에 생쥐를 이용한 실험에서 만들기에 성공했습니다. 그 후 2007년에는 인간의 iPS세포 제작에도 성공했으며 2012년 야마나카 교수는 노벨 생리의학상을 수상했어요.

iPS세포는 영어로 'induced Pluripotent Stem Cell'이라고 하며 번역해서 **인공다능성 줄기세포**라고 하기도 해요. 기능은 **ES세포**(→P.138)와 많이 비슷하지만 iPS세포는 수정란이 아니라 **체세포**(※1), 또한 다른 사람의 것이 아니라 자신의 세포로 만들어지지요. 그래서 ES세포의 두 가지 문제(※2)가 해결되었어요! iPS세포는 체세포를 **줄기세포**(→P.136)로 되돌리는 능력이 있는 '**야마나카 팩터**'라고 불리는 네 가지 유전자를 주입해서 만들어집니다.

iPS세포는 재생의료뿐만 아니라 발병 원인을 해명하거나 치료약을 개발하는 데도 도움이 된다고 기대를 모으고 있는 그야말로 줄기세포계의 '슈퍼 엘리트'에요. 그러나 iPS세포는 아직 밝혀지지 않은 부분도 많고 배양할 때 암이 될 위험이 있는 등 문제도 있어요(※3). 현재는 iPS세포를 사용해 각막이나 심근, 간 등의 기관을 만들어 환자에게 이식하는 실험이 계속되고 있습니다.

> **CHECKPOINT**
>
>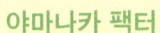
> **야마나카 팩터**
> 야마나카 교수팀이 발견한 네 가지 유전자를 말하며 유도인자라고 하기도 해요. 세포에 넣어서 한 번 분화한 세포를 원래의 줄기세포 상태로 되돌릴 수 있습니다. 하지만 야마나카 팩터를 넣으면 왜 줄기세포로 되돌릴 수 있는지 명확한 이유는 아직 밝혀지지 않았으며 지금도 전 세계에서 연구가 이뤄지고 있어요.

(※1) 생식기 세포(→P.103~113) 이외의 세포를 말한다
(※2) 윤리적인 문제와 거부 반응 문제
(※3) 현재 암이 될 위험은 많이 줄어들었다

ES세포가 생성되기까지

① 수정란을 준비한다

체외수정으로 수정란을 만들어서 배반포가 될 때까지 6~7일 정도 배양한다.

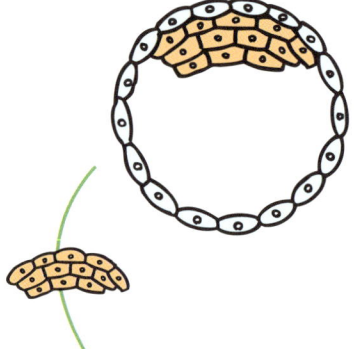

② 배반포의 일부를 꺼낸다

배반포 속에서 세포 덩어리(내부 세포 덩어리)를 꺼낸다.

③ 배양한다

보조 역할을 하는 다른 세포와 함께 배양한다.

ES세포 완성

iPS세포가 생성되기까지

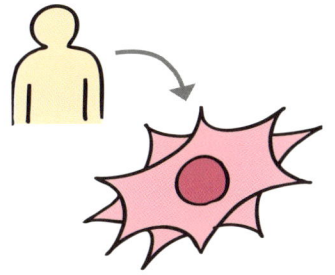

① 체세포를 꺼낸다

피부나 혈액 등 채취하기 쉬운 부분의 체세포를 꺼낸다.

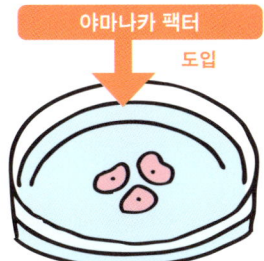

② 야마나카 팩터를 넣어서 배양한다

야마나카 팩터라고 불리는 네 가지 유전자를 넣어서 배양한다.

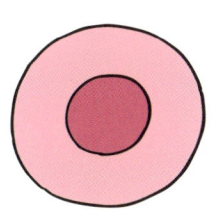

iPS 세포 완성

- ES세포와 iPS세포의 비교

	ES세포	iPS세포
토대가 되는 세포	수정란	체세포
증식하는 힘	거의 무한히 증식할 수 있다.	거의 무한히 증식할 수 있다.
분화하는 힘	인체를 구성하는 대부분의 세포로 분화할 수 있다.	인체를 구성하는 대부분의 세포로 분화할 수 있다.
문제점	다른 사람의 수정란을 사용하기 때문에 윤리적 문제와 거부 반응 문제가 있다.	상당히 줄어들고 있기는 하지만 세포가 암이 될 위험이 있으며 아직 밝혀지지 않은 부분이 많다.

암 면역요법

몸의 면역으로 암세포와 싸운다

일본 교토대학교의 혼조 다스쿠 교수는 면역을 담당하는 세포의 기능을 억제하는 단백질, **PD-1**을 발견한 일로 2018년 노벨 생리의학상을 수상했습니다. 이로써 지금까지의 암 치료법(※1)에 더해 네 번째 치료법인 **암면역요법**이 보급되었어요.

인간의 몸에 이물질이 침입하면 이를 제거하려고 **T세포**(→P.54) 등의 림프구가 기능합니다. 하지만 림프구는 정상적인 세포까지 공격하지 않도록 제동을 거는 기능이 있어요. 암세포(→P.146)는 놀랍게도 그 제동 기능을 악용하여 림프구의 기능을 억제할 수 있습니다.

혼조 다스쿠 교수는 이 제동 기능을 하는 PD-1을 발견했을 뿐만 아니라 제동을 풀어서 림프구가 암세포를 공격할 수 있게 하는 약도 개발했어요. 이미 제품으로 만들어졌으며 기존의 방법으로는 치료하기 어려웠던 환자들에게 희망을 주고 있답니다.

수지상세포 백신 치료법

수지상세포(→P.50)의 기능을 활용한 암 면역요법 중 하나. 수지상세포를 체외에서 배양하여 암세포의 특징을 가진 물질을 수지상세포에 기억시킨 후 체내로 되돌리는 방법입니다. 그러면 체내에서는 수지상세포가 림프구(→P.38)에 암세포의 특징을 전달해서 암세포를 공격하기 시작해요.

(※1) 수술 요법, 방사선 요법, 약물요법으로 세 가지가 있다.

암 면역요법의 구조

일반적으로는 암세포가 제동을 거는 림프구의 기능을 암 면역요법으로 해결할 수 있어요

• 일반적인 경우

암세포가 면역세포(림프구)의 기능에 제동을 걸어서 암세포에 대한 공격이 저지된다.

• 암 면역요법의 경우

면역세포에 걸린 제동이 풀어지며 림프구가 활성화하여 암세포를 공격하기 시작한다.

유전자가 손상되면 생성되는 이상한 세포

　정상적인 세포는 그때의 상황에 맞춰서 증식하거나 증식을 멈춥니다. 예를 들어 피부 세포는 상처가 생기면 원상태로 돌아갈 때까지 증식하지만 상처가 나으면 더 이상 증식하지 않아요. 이는 몸에서 보낸 신호로 조절됩니다.

　그러나! 정상적인 세포의 유전자에 어떤 원인 때문에 상처가 생기면 심각한 악영향을 끼치는 불완전한 세포가 생성됩니다. 이것이 **암세포**의 정체에요. 암세포는 다른 정상적인 조직이 섭취하려고 하는 영양소를 계속 빼앗아서 몸을 쇠약하게 하는 무서운 존재지만 원래는 정상적인 세포였어요. 일반적으로는 림프구 등이 일해서 제거하지만 경우에 따라서는 암을 일으킵니다.

　암세포는 몸에서 보내는 신호를 따르는 능력이 없으며 신호를 무시하고 멋대로 증식합니다. 결국 몇 년에 걸쳐서 수가 늘어나 암세포는 암(**악성 종양**)이 돼요. 정상적인 세포가 지나치게 증식해서 생긴 **양성 종양**의 경우에는 몸의 곳곳으로 퍼지거나 다른 정상적인 조직에서 영양분을 빼앗는 일도 없어요. 하지만 악성 종양의 경우에는 조직에서 스며 나오듯이 퍼지거나 혈액이나 림프액을 타고 떨어진 조직으로 전이되기도 하지요. 그 결과 몸은 쇠약해지고 최악의 경우 죽음에 이릅니다.

암 유전자와 암 억제 유전자

세포 유전자에 상처가 생겨서 암 세포가 생성되면 세포가 비정상적으로 증식하는 상태를 보일 때가 있어요. 이때 생기는 유전자를 '암 유전자'라고 하며 이 비정상적인 증식 상태일 때 억제하는 기능을 하는 유전자를 '암 억제 유전자'라고 합니다. 이 두 가지의 이상 상태가 거듭되어 '암'이 생기는 거예요.

다단계 발암의 흐름

암세포는 유전자가 손상을 입어 생성됩니다. 그 상처에서 이상 현상이 거듭 쌓여서 암을 발병하는 구조를 다단계 발암이라고 합니다.

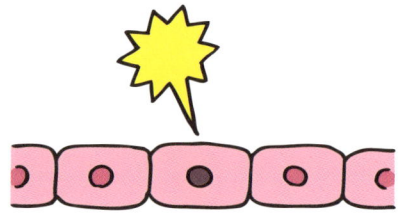

① 유전자에 상처가 생긴다

정상적인 세포의 유전자에 2~10개 정도의 상처가 생겨서 암세포가 생성된다.

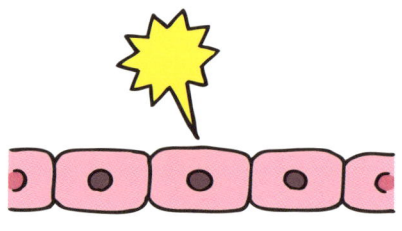

② 암세포가 늘어나기 시작한다

① 때문에 암 유전자의 기능이 활발해진다. 암세포가 늘어나기 시작한다.

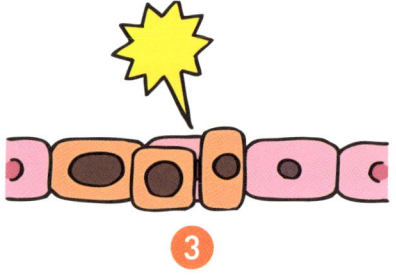

③ 암세포가 비정상적으로 증식한다

암 억제 유전자의 제동 효과가 없어져서 암 세포가 점점 늘어난다

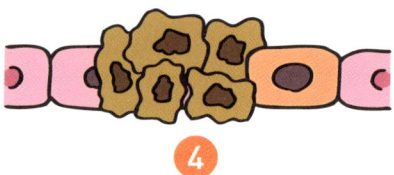

④ 암세포가 종양이 된다

이상 현상이 거듭 쌓여서 계속 늘어난 암세포가 덩어리가 되어 암(악성 종양)이 된다.

암세포는 누구나 갖고 있다?

암세포는 특별한 세포가 아니라 원래 누구나 갖고 있는 세포가 암으로 변화한 것을 말해요. 일반적으로 암세포는 면역세포인 림프구 등의 작용으로 퇴치되는데 그 기능이 저하되면 암 발병 위험이 높아집니다.

암

사망률 1위! 암에 굴복하지 않으려면?

한국인의 사망 원인 중에서 암이 차지하는 비중이 가장 많습니다. 매년 수 십만 명이나 되는 사람이 목숨을 잃어요. 게다가 일본인 두 명 중 한 명은 평생에 한 번은 암에 걸린다고 하니 무섭고도 친근한 병입니다.

그렇지만 암은 남에게 옮는 병은 아니며 자궁경부암처럼 백신 접종으로 예방할 수 있는 종류도 있어요. 또 일상생활에서 주의하면 어느 정도 암에 잘 걸리지 않은 몸을 만들 수도 있습니다.

암에 잘 걸리지 않는 몸을 만들려면 면역력을 높이는 것이 중요합니다. 실제로 건강한 사람이라도 하루에 수천 개의 암세포가 생성된다고 해요. 그래도 다 암이 되지 않는 이유는 림프구 등의 백혈구가 암세포를 퇴치하기 때문이지요. 특히 킬러 T세포나 NK세포 등이 활약해요.

이 세포들의 기능을 활발하게 하려면 올바른 식생활, 적절한 운동 등을 유의해야 한다고 합니다. 많은 세포들이 애쓰며 활약해서 유지되는 건강한 몸이니 소중히 해야 하지 않을까요?

색인
INDEX

ㄱ

가수분해효소 … 22
간상세포 … 118
간세포 … 98
골격근세포 … 86, 88, 90, 92
골아세포 … 82, 84
골지뇌 … 21
골지소포 … 21
골지체 … 21
과립구 … 26, 38
그란자임 … 59
근섬유 … 86
글루카곤 … 101
글루코스 … 31, 99, 101, 102
글리아세포 … 72, 74
기억세포 … 61, 62, 64

ㄴ

난원세포 … 109
난자 … 15, 104, 107, 108, 114
내막 … 20
뉴런 … 15, 68, 72, 74, 76, 77, 78, 116

ㄷ

다능성 줄기세포 … 136, 139
단구 … 26, 38
단능성 줄기세포 … 136
대식세포 … 41, 49
도파민 … 78

ㄹ

랑게르한스 세포 … 51
랑게르한스섬 … 101
리보솜 … 19, 21, 31
리셉터 … 41, 59
리소좀 … 22, 41
림프구 … 26, 38, 56, 97, 144

ㅁ

마스트 세포 … 47
마이크로파지 … 41, 49
마크로파지 … 35, 41, 48, 53, 56, 76
메르켈세포 … 130
메모리 B세포 … 62
메모리 T세포 … 62
미세 아교 세포 … 74, 76
미세소관 … 22
미세포 … 128
미엘린 … 77
미토콘드리아 … 16, 20, 31, 90, 107

ㅂ

배반포 … 112, 139
배아줄기세포 … 139
백근 … 90
백혈구 … 22, 24, 26, 29, 35, 38, 41, 45, 47, 49, 51, 53, 57, 61, 80, 92, 149
베타(β)세포 … 100, 102
별 아교 세포 … 74, 76
별 아교 세포 … 76
보조(헬퍼) T세포 … 51, 53, 54, 56, 57, 59, 61
분화 … 26, 29, 136
비만세포 … 43, 45, 46, 53
비장세포 … 96

ㅅ

사이토카인 … 38, 43, 49, 51
생식세포 … 104
세포막 … 17, 20, 59
세포분열 … 15, 22, 29
세포소기관 … 18, 86, 127
세포질 … 19
세포질 기질 … 19
소교세포 … 76
소식세포 … 41, 49
소포체 … 21

수상돌기 … 69
수정란 … 104, 109, 112, 136, 139, 141
수지상세포 … 41, 49, 50, 56
시냅스 … 69, 70, 78
시세포 … 118, 132
식세포 … 49
신경전달물질 … 69, 78
심근세포 … 86, 88, 90

ㅇ

아파타이트 … 84
알레르겐 … 45, 47
알레르기 반응 … 43, 45, 47, 53, 57
알파(α)세포 … 100
암 면역요법 … 134, 144
암 줄기세포 … 136
암세포 … 131, 144, 146, 149
야마나카 팩터 … 141
억제형 리셉터 … 59
연골세포 … 82, 85
염색체 … 19
외막 … 20
원추세포 … 119, 132
유모세포 … 122
유주 … 41
인공 다능성 줄기세포 … 141
인슐린 … 101, 102

인지질 … 20

ㅈ

재생의료 … 134, 139, 141
적근 … 90
적혈구 … 15, 24, 26, 29, 30, 35, 38, 49, 80, 97
정세포 … 107
정원세포 … 107
정자 … 104, 106, 109, 114
조면소포체 … 21
조절 T세포 … 54, 57
조혈모세포 … 26, 28, 80, 136
종양 … 147
줄기세포 … 29, 134, 136, 141
중심립 … 22
중심체 … 22

ㅊ

체성 줄기세포 … 136
체세포 … 141
축삭 … 19, 77

ㅋ

크리스타 … 20
킬러 T세포 … 54, 57, 59, 61, 149

ㅌ

탐식 …… 41, 49, 51

ㅍ

파골세포 …… 82, 85
퍼포린 …… 57, 59
페이스메이커 세포 …… 90
편모 …… 107, 114
평활근세포 …… 86, 88, 91
프로테오글리칸 …… 85
피브린 …… 35

ㅎ

항원 … 39, 51, 61
항체 … 47, 53, 61, 64
핵 … 19, 31, 90, 107
핵막 … 19
핵소체 … 19
헤모글로빈 … 31
헤파린 … 47
혈구 … 24, 26, 29, 80
혈소판 … 24, 26, 29, 34, 80, 97
혈장 … 24
호산구 … 42, 45
호염기구 … 44, 47
호중구 … 40, 49, 57

활면소포체 … 21
활성화형 리셉터 … 59
후각 섬모 … 127
후세포 … 126
흥분 … 69, 71
희소 돌기 아교 세포 … 74, 77
희소 돌기 아교 세포 … 77
히스타민 … 45, 47

숫자

1차 난모세포 … 109
1차 정모세포 … 107
2차 난모세포 … 109
2차 정모세포 … 107

영문

ATP … 20
B세포 … 47, 53, 54, 60, 62, 97, 134
DNA … 19, 107
ES세포 … 134, 138, 141
iPS세포 … 134, 140
NKT세포 … 59
NK세포 … 57, 58, 61, 149
PD-1 … 144
T세포 … 26, 54, 62, 97, 144

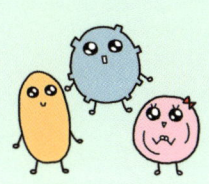

SEKAIICHI YASASHII! SAIBOU ZUKAN supervised by Shigeru Suzuki
llustrated by Ryanyo
Copyright © 2019 SHINSEI Publishing Co., Ltd.
All rights reserved.
Original Japanese edition published by SHINSEI Publishing Co., Ltd.
Korean translation copyright © 2022 by Saenggakuijip
This Korean edition published by arrangement with SHINSEI Publishing Co., Ltd., Tokyo,
through HonnoKizuna, Inc., Tokyo, and BC Agency

이 책의 한국어 판 저작권은 BC에이전시를 통해
저작권자와 독점계약을 맺은 생각의집에 있습니다. 저작권법에 의해
한국 내에서 보호를 받는 저작물이므로 무단전재와 복제를 금합니다.

캐릭터로 이해하는
세포 도감

초판 1쇄 발행 2022년 9월 14일
글 ★ 스즈카와 시게루
그림 ★ 량요
옮긴이 ★ 김한나
본문 편집 ★ 김영심
펴낸이 ★ 권영주
펴낸곳 ★ 생각의집
디자인 ★ design mari
출판등록번호 ★ 제 396-2012-000215호
주소 ★ 경기도 고양시 일산서구 중앙로 1455
전화 ★ 070·7524·6122
팩스 ★ 0505·330·6133
이메일 ★ jip2013@naver.com
ISBN ★ 979-11-85653-91-4(73470)

품명 어린이 도서   제조년월 2022년 9월
사용연령 4세 이상   제조자명 생각의집
제조국 대한민국   연락처 070-7524-6122
주소 경기도 고양시 일산서구 중앙로 1455
주의사항 종이에 베이거나 긁히지 않도록 주의하세요.
KC마크는 이 제품이 공통안전기준에 적합하였음을 뜻합니다.

**앤 아메리-시멘스 글 · 베키 손스 그림
김아림 옮김 · 104쪽 · 16,000원**

주변을 둘러보면 어디에나 세상을 변화시킨 발명품들이 보여요. 몇몇 발명품은 한 개인이나 연구팀이 실험실에서 여러 해 보내며 만든 결과물이죠. 반면에 일상적인 상황에서 떠올린 발명품도 있답니다. 아예 우연히 만들어진 발명품도 있고요. 이 책을 통해 역사를 거슬러 올라가며 사람들이 어떻게 머릿속 아이디어를 훌륭한 발명으로 바꾸었는지 알아보세요.

**얼리샤 클레페이스 글 · 그레이스 헬머 그림
김아림 옮김 · 가격 15,000원 · 양장 제본**

지구의 끝과 끝을 탐험하자!

여러분은 펭귄과 북극곰이 서로 결코 만났던 적이 없다는 사실을 아나요? 왜냐면 펭귄은 지구의 남쪽 끝인 남극에 살고, 북극곰은 지구의 북쪽 끝인 북극에서만 발견되기 때문이죠. 이 책 곳곳에서 여러분은 두 동물의 흔적을 찾을 수 있어요. 발자국을 보면 여러분이 지금 어디에 와 있는지 알 수 있을 거예요.

**맥 대처 지음 · 김아림 옮김
136쪽 · 18,000원 · 양장 제본**

우리 우주는 항성과 행성을 비롯해 온갖 놀라운 천체로 가득합니다. 여러분이 어디에 살든 이런 천체들을 관찰할 수 있죠. 대단한 장비나 도구를 갖추지 않아도 괜찮아요. 그저 눈을 들어 하늘을 바라보면 되니까요. 아름다운 천문학 책으로 하늘을 감상해 보세요.

**다시 도벨 글 · 베키 토른스 그림
장혜경 옮김 · 가격 15,000원 · 양장 제본**

옛날부터 사람들은 고래를 무척 좋아했어요. 덩치가 어마어마하게 크고 힘도 엄청나게 세지만 마음이 순하고 사람을 잘 따르기 때문이지요. 고래는 머리가 영리한 건 기본이고요, 호기심도 많고 놀기도 참 좋아한답니다. 이 책을 읽으면 많은 고래 종을 만날 수 있어요.

떡갈나무 할아버지와 함께 전 세계의 숲을 탐험해 보자!

초판 1쇄 발행 2022년 5월 10일
글 ★ 모이라 버터필드
그림 ★ 비비안 미네커
옮긴이 ★ 김아림
230*290
48쪽
양장
13,000원

우리 주변의 붕붕 윙윙 꿀벌들을 만나 보자

초판 1쇄 발행 2022년 5월 10일
글 ★ 모이라 버터필드
그림 ★ 비비안 미네커
옮긴이 ★ 김아림
230*290
48쪽
양장
13,000원